北京市教育科学规划2017年度课题
“基于区域教育资源整合的学区特色课程建设研究”（CDDB17219）研究成果

四季的故事

和你一起读懂四季青

李联　冯艳◎主编

Siji de Gushi

He Ni Yiqi Dudong Sijiqing

图书在版编目（CIP）数据

四季的故事：和你一起读懂四季青 / 李联，冯艳主编. — 南京 ：江苏凤凰教育出版社，2020.12（2023.11重印）

ISBN 978-7-5499-8637-8

Ⅰ. ①四… Ⅱ. ①李… ②冯… Ⅲ. ①海淀区－概况－中小学－乡土教材 Ⅳ. ①G634.591

中国版本图书馆CIP数据核字(2020)第013382号

书　　名	四季的故事——和你一起读懂四季青
主　　编	李　联　冯　艳
责任编辑	王家俊
出版发行	江苏凤凰教育出版社（南京市湖南路1号A楼　邮编210009）
苏教网址	http://www.1088.com.cn
照　　排	红十月图文设计有限公司
印　　刷	唐山富达印务有限公司
厂　　址	唐山市芦台经济开发区农业总公司三社区
开　　本	787毫米×1092毫米　1/16
印　　张	16.75
版　　次	2020年12月第1版
印　　次	2020年12月第1次印刷　2023年11月第2次印刷
书　　号	ISBN 978-7-5499-8637-8
定　　价	78.00元
网店网址	http://jsfhjycbs.tmall.com
邮购电话	025-85406265，85400774　短信 02585420909
盗版举报	025-83658579

本书如有印刷、装订等质量问题，请与印刷厂联系调换

电话：0316-3170279

编　委　会

主　编　李　联　冯　艳

副主编　杨　光　马　蕊　杨朝晖

编　委（按姓氏笔画排序）

于　青　马　燕　牛来云　毛　强　司常水
毕虹翠　朱　燕　杜美英　张秋敏　宋继东
麦振宇　高爱珍　黄瑞华　董红军　韩国新
魏燕文

序

当四季青学区管理中心的李联主任和冯艳老师向我详细介绍《四季的故事——和你一起读懂四季青》学区特色课程教材时，我被深深地打动了。同时，对于四季青学区的领导、校长和教师们为此付出的情怀和智慧，我又深感敬佩。

四季青位于海淀区西部香山脚下，昆玉河、永定河从这里流过，滋养了四季青人。在20世纪的下半叶，“四季青公社”闻名全国。那时的四季青是北京市主要的蔬菜生产基地，改变了京城百姓冬天只能吃白菜、萝卜的历史，供应了市民四分之一的吃菜需求，为京城的“菜篮子”做出了巨大的贡献。随着时代的变迁，四环路、五环路从四季青穿过，产业结构调整后，蔬菜生产基地基本消失，果树也大大减少，留下的是人们对绿色田园的美好回忆和眷恋。中关村高科技园区从近邻发展到与这里相融合，目前有多个科技园区在这里建成，多家高新技术企业入驻。

四季青学区的基础教育也进入了发展的快速道，老百姓家门口的好学校越办越多，学校类型、优质教育资源也越来越丰富。深化教育教学改革，开发学区特色课程就是四季青学区为区域内各学校提供的优质教学资源，为该区域的学生们提供的优质特色学习“大餐”。那么，这门课程的特色何在？哪些人可能需要这本书？如何讲好四季的故事呢？为了把四季的故事讲好、讲生动，又需要哪些方

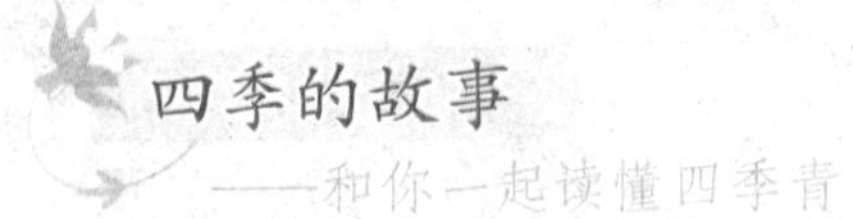

面的准备呢？对此，书中均给出了详细的指导建议。

课程的特色何在？

这是一门贯通式、跨学科、实践类课程，体现了学区科学的教育质量观念，是深化课程育人、文化育人、活动育人和实践育人的具体表现。四季青为“三山五园”所环抱，有香山公园、北京植物园、西山国家森林公园、李大钊烈士陵园、曹雪芹纪念馆、一河十园等多家驻区单位，为学区特色课程的研发和实践提供了得天独厚的条件。学区将这些资源进行梳理，将区域特色概括为西山生态涵养区、农耕文化观赏实践区、人文古迹密集区，并建立了由一线骨干教师组成的课程研发团队，开始了“研究—实践—反思—改进”的连续探索，研发了一批具有鲜明四季青区域特色、符合学生特点和成长需求的微课程，逐步完善形成了《四季的故事——和你一起读懂四季青》学区特色课程教材。可以说，这门课的内容，属于注重德智体美劳全面培养的教育体系的一部分。

哪些人可能需要这本书？

这门课程的学习资源之一就是这本书，书的撰写者主要是大学的课程研究者和四季青学区的一线教师。这本书适用范围比较宽：一是小学和初中阶段的学生；二是负责指导学生开展研究性学习、负责兴趣小组活动的教师；三是组织开展综合实践活动的学校干部；四是参与地方课程、校本课程建设的课程研发人员；五是关注学生多样化学习的家长；六是有兴趣到四季青地区旅游、参观、考察的旅游爱好者；七是其他关注特色旅游与区域发展的社会人士。

如何讲好四季的故事呢？

这本书的章节设计不存在时间顺序和逻辑顺序。使用本书的教师可以根据季节、年龄、兴趣、主题等自由选择，既可以选择部分内容进行校本转化，从而整体规划出9课时或者18课时的特色课程，也可以形成单次的学习考察活动。

想要把四季的故事讲好、讲生动，需要哪些方面的准备呢？

一是要有必要的知识储备。教师和学生在实践活动前，应先查阅资料，了解并考察与内容相关的基本知识，完成行前学习任务，以便在考察活动中引导学生进行交流、验证和对比。二是提前了解景区信息，尽量选择公共交通工具，提前了解到达景区的交通路线和路况；部分景区对学生实行门票优惠政策，记得带上学生证；特别是每年的10月和11月即香山公园游客游览高峰期，实施游客预约游览制度，高峰期的周末实行分时段入园管理，需要特别关注。三是掌握基本的户外考察常识，包括但不仅限于：选择适合自己的户外服装及防雨、防晒、防蚊虫用品；花粉过敏者需提前服药，注意遮盖裸露皮肤；带足饮用水；部分线路需登山，要穿平底防滑鞋；要特别注意防火；部分山区、林区路线，如遇上雷电天气，应避免使用手机；部分实践活动在夜间进行，注意添加衣物并带好照明装备。四是携带必要的野外考察工具，包括但不仅限于：望远镜、手机、照相机、摄像机、学生活动单、笔等观察记录工具；定位系统（GPS、北斗星等）、地质罗盘、温度计、湿度计、尺子等测量设备。五是选择合适的季节前去游览，大部分考察活动适合在春、夏、秋三季开展，部分考察项目有特定的考察时段，例如：月季花的考察以5、6月份最佳，辨识春花活动安排在4月份为宜，观星活动则最好安排在夏季夜晚，西山夏季多雨易发生洪水及微型的泥石流，考察宜选择在春、秋两季进行。六是文明参观、行为规范，爱护展馆内的设施和展品，不私自到禁止进入区进行参观；保护园区环境，不随地丢弃垃圾；不随意采摘植物，不对野生动物投喂食物。有些景点禁止拍照或者禁止使用闪光灯，请遵守相关规定。七是注意安全，包括人身安全、交通安全和财产安全等，书中的大多数线路都是设施完善的景区，在安全方面有一定的保障，但山区线路中个别路段较为陡峭狭窄，雨天地面湿滑，景区内部分水域较深，学生或者孩子要听从教师或者家长的安排，不追跑打闹，不擅自离队或进入危险区域；不触碰或食用不知名的植物（尤其是颜色鲜艳的植物），以防中毒。触碰过植物后，及时用湿巾擦手，以免误食杀虫剂等喷洒于植物表面的化学试剂。

这门课程的开发过程，既是学区课程建设的一次尝试，也是教师课程能力提升的一个载体，更是学区教师团队成长的一个平台。在现场实践性学习的过程中，学生不仅能开阔视野，学会学习方法，更重要的是，学生能对家乡更了解、更热爱，以生活在四季青地区为骄傲，在潜移默化中成为四季青地区优秀文化的传播者。

是为序。

北京市海淀区教师进修学校校长　罗　滨

目录

| 教师手册 |

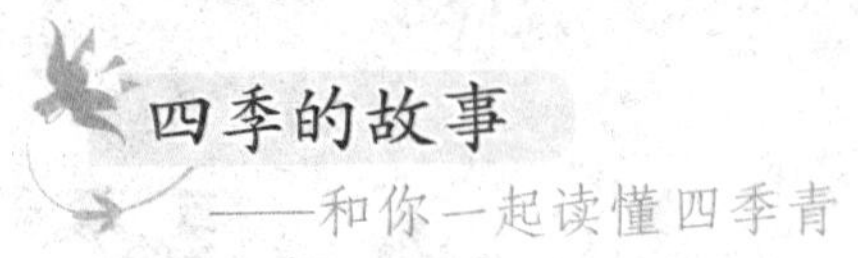

｜学生手册｜

| 教师手册 |

第一篇
四季花香虫鸣

中科院植物所里的植物神奇在哪里？

——中科院植物所的特色植物考察

张小平

活动路线图

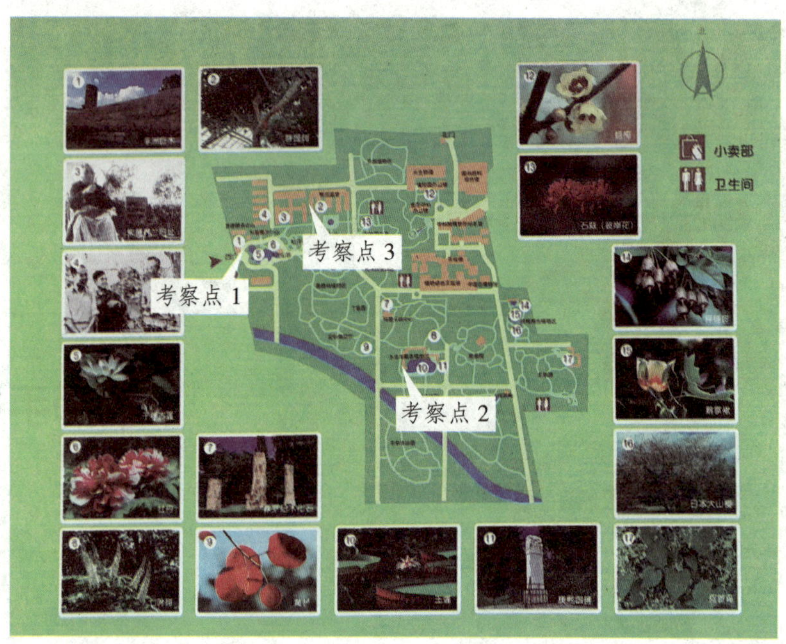

图 1　主要考察点

活动特色

中国科学院植物研究所（以下简称“中科院植物所”）位于四季青地区风景秀丽的香山脚下，是国家级综合植物园区，建有水生和藤本植物区、稀有濒危植物区等十余个专类植物展览区和一个热带亚热带植物展览温室，植物资源十分丰富。对于生活在现代化都市里的人们来说，生活的快节奏导致我们接触自然、接触植物的机会较少，更不用说去认识它们了。但是，随着社会的进步，人们也越来越认识到植物与人类是密切相关的，是人类的好朋友。中科院植物所植物园给较少接触自然的人们，尤其是生活在其周边的人们提供了一个观赏植物、了解植物、陶冶情操的好去处。

在这里，王莲、睡莲、古莲等水生植物和乔木、灌木、藤本植物搭配栽植。我们不仅可以感受植物的风采，还可以了解它们的经济用途和科学、文化价值。王莲是现代园林水景中必不可少的观赏植物，是一种极为有名的大型花卉，既具有很高的观赏价值，又能净化水体。睡莲在现代园林水景和园林小品中经常出现，对水体和沉积物中的重金属有一定的吸附作用，对净化水体中的总磷、总氮也有明显的吸附作用。桫椤与恐龙化石并存，在重现恐龙生活时期的古生态环境、研究恐龙兴衰和地质变迁等方面具有重要参考价值。同时，桫椤树形美观，高大挺拔，园艺观赏价值极高。

活动目标

<table>
<tr><th>总目标</th><th>活动地点</th><th>分点活动目标</th></tr>
<tr><td rowspan="3">1. 小组自行设计活动路线，进行各区植物调查
2. 通过对植物的调查、描绘等研究性学习，体验探索自然奥秘的乐趣
3. 在学习中了解特色植物，认识植物与人类的友好关系，知道保护植物就是保护我们自己的生存环境</td><td>1. 中科院植物所植物园西门（古莲池）</td><td>了解沉睡千年的水生植物——古莲</td></tr>
<tr><td>2. 水生藤本植物区</td><td>认识叶片最大的水生植物——王莲</td></tr>
<tr><td>3. 热带亚热带展览植物温室</td><td>知晓植物活化石——桫椤</td></tr>
</table>

活动准备

1. 准备物品：学生自备记录用笔，可以自行准备手机，现场拍照和搜集资料；另外，带好防晒用品，准备足够的饮用水。

2. 人员分组：活动中注意观察记录，跟随指导教师或家长完成相关问题。

3. 安全事项：不随意采摘花朵，不触碰不知名植物（尤其是颜色鲜艳的植物），以防中毒。在池塘边观察时，请注意安全，避免落水。

实践活动设计

行前学习任务

1. 你知道中科院植物所植物园分哪些区域吗?

2. 你知道中科院植物所植物园中有哪些特色植物吗?

行中学习任务

考察点1：中科院植物所植物园西门（古莲池）

1. 路线设计

进入中科院植物所植物园西门，了解活动安排，自由分组后，根据线路图设计行走路线，并到达指定区域。

行走路线：起点（　　）→经过（　　）→经过（　　）→经过（　　）→经过（　　）→经过（　　）→经过（　　）→经过（　　）→经过（　　）→终点（　　）。（不够可自行添加）

2. 填一填，比一比

和你的同伴一起，仔细观察一下你所在的古莲池区域，找到你认为有特色的植物，用文字或画图的形式填写在表1中。

表1　植物调查记录卡

观察区域	观察到的植物	特殊的形态结构（如叶、花、果等）	生活环境	结构与环境关系
西门（古莲池）				
水生和藤本植物区				
热带亚热带展览植物温室				
其他区域1				
其他区域2				

3. 特色植物之一：沉睡千年的神奇植物

图2　古莲

2015年，河南省开封市杞县邢口镇小河寨村的村民在深约8～9米的土坑里挖出了古莲子。据文献记载，公元1077年黄河曾经改道南迁流经此处，这批古莲子可能就是在那时被埋入地下的。开封市相关单位将这批出土的古莲子中的2粒赠送给了北京植物园。经过精心培育，沉睡近千年的古莲终于重新绽放。

这些古莲是睡莲还是荷花呢？两者有什么异同呢？请你仔细观察古莲（可参看西门入口处多盆荷花和古莲）的形态结构，填入表2中，待到下一考察点时，与睡莲进行比较。

表2　古莲、睡莲和荷花的记录卡

	叶子			花朵			应用（可借助网络）	分类（可借助网络）
	是否挺出水面	表面是否有绒毛	是否有缺口	大小	花瓣形状	颜色		
古莲								______科 ______属
睡莲								______科 ______属
荷花								______科 ______属

由此，初步可判定，此处古莲为______。

4. 找一找

荷叶很有特点，“出淤泥而不染”，露珠在上面也待不住。这是为什么呢？利用这个特点，人们开发了哪些仿生学产品呢？请你搜集相关资料来给大家介绍一下吧！

5 写一写

摘抄你喜欢的与荷花、睡莲有关的好词好句好文。

考察点2：水生及藤本植物区

6. “察言观色”

你在该区域发现了哪些有特色的植物？它们有什么特殊之处？请将它们记录到表1中吧！

7. 特色植物之二：叶片最大的水生植物

图 3　叶片最大的水生植物

在这里，你见到这种植物了吗？你知道它的名字吗？

8. 观察王莲的特殊之处

王莲属于睡莲科王莲属植物，图3中的王莲是克鲁兹王莲。结合你的观察，王莲在形态或者功能上有什么特别的地方呢？

9. 开动脑筋

王莲这样的结构对于生活在水中的植物有什么好处呢？

图 4　王莲花的手绘图（由中科院植物所孙英宝老师提供）

10. 查一查

搜集资料，王莲除了叶，它的花、色、果有什么奇特的地方？

11. 填一填

在此区域还有许多睡莲，观察其形态结构并将它们记录到表2中。

考察点3：热带亚热带植物展览温室

12. 特色植物之三：植物活化石——桫椤

图 5　桫椤

先认真观察，然后在表1中画出桫椤的形态。

13. 找一找

（1）桫椤为什么被称为植物的“活化石”？（用手机查找资料）

（2）桫椤在分类学上属于哪一类植物？它生活在怎样的环境中？它除了生长环境奇特以外，还有什么奇特的地方吗？（用手机查找资料）

14. 想一想

根据上面搜集到的资料，桫椤为什么会濒临灭绝？如果桫椤灭绝了，将会对生物多样性及生态环境造成怎样的危害？（用手机查找资料）

行后学习任务

你能否根据此次活动，总结出生物多样性的意义？（用手机查找资料）

学习素材

行前学习素材

1. 睡莲池、牡丹园、蔷薇园、丁香园、水生及藤本植物区……

2. 古莲、王莲、桫椤等。

行中学习素材

1. 行走路线：

起点 中科院植物所植物园西门（睡莲池）→经过 牡丹园 →经过 蔷薇园 →经过 丁香园 →经过 水生及藤本植物区 →经过 紫薇园 →经过 壳斗植物园 →经过 宿根植物区 →经过 月季园 →终点 热带亚热带植物展览温室 。（路线合理即可）

2.

表1　植物调查记录卡

观察区域	观察到的植物	特殊的形态结构（如叶、花、果等）	生活环境	结构与环境关系
西门（古莲池）	睡莲、荷花（古莲）等	叶片大，叶片不吸水，茎中空，果实中也有孔	水中	叶片宽大增大浮力，也增加与水的接触面积，保证光合作用进行。叶片不吸水可排除多余水分。叶柄和果实中有很多孔眼，保证通气

水生和藤本植物区	水生植物：芡实、王莲、荷花、黄睡莲、菖蒲等	叶片大，叶片不吸水，茎中空，花很美，果实中也有孔	水中阴凉地	增大浮力及与空气接触的面积，保证通气，排除多余水分
	藤本植物：紫藤、金银花、凌霄花、牵牛花等	茎很细，有卷须，不能直立；气味很香	墙壁边、横梁上	茎细不能直立，只能攀附于其他物体
热带亚热带展览温室	桫椤、菩提、棕榈、芭蕉等	叶宽大茂盛，茎高且直	潮湿，高温	雨林中有充足的阳光和水分，满足蒸腾作用，故植物较高大，粗壮
	金虎、仙人掌、光棍树等	叶退化变异如针等，茎变得粗大、多汁，绿色为主，表面有蜡，植株相对不高	高温，干旱	沙漠中阳光足、水分少，叶退化，茎变异可以减少水分蒸发和保存水分，绿色的茎可以代替叶子的光合作用，由于缺水，植物不高
其他区域1	略			
其他区域2	略			

3.

表2　植物对比记录卡

	叶子			花朵			应用（可借助网络）	分类（可借助网络）
	是否挺出水面	表面是否有绒毛	是否有缺口	大小	花瓣形状	颜色		
古莲	是	有	无	大	花蕾椭圆形至长卵形，基部宽圆	通常只有白、粉	略	莲科 莲属 古莲的分类有争议，有人也将其列为睡莲科莲属

荷花	是	有细毛	无	大	有3～4层花被，外轮萼片状，内轮花瓣状	有白、粉、深红、淡紫、黄或间色等变化	略	莲科莲属
睡莲	否，浮水或沉水	无，表面光滑明亮	有V形缺口	小	较狭长	颜色多样	略	睡莲科睡莲属

4. 荷叶的上表面布满了非常多微小的乳突，乳突的平均大小约为6～8微米（1毫米=1000微米），平均间距约为19～21微米。在这些微小的乳突之中还分布有一些较大的乳突，平均大小约为53～57微米，它们也是由6～13微米大小的微型突起聚在一起构成的。乳突的顶端均呈扁平状且中央略微凹陷。这种乳突结构用肉眼以及普通显微镜是很难察觉的，通常被称作多重纳米和微米级的超微结构。这些大大小小的乳突和微型突起在荷叶表面上犹如一个挨一个隆起的"小山包"，"小山包"之间的凹陷部分充满空气，这样就在紧贴的叶面上形成一层极薄只有纳米级厚的空气层。水滴最小直径为1～2毫米，相比荷叶表面上的乳突要大得多，因此雨水落到叶面上后，隔着一层极薄的空气，只能同叶面上"小山包"的顶端形成几个点的接触，从而不能浸润到荷叶表面上。水滴在自身表面的张力作用下形成球体，水球在滚动中吸附灰尘，并滚出叶面，从而达到清洁叶面的效果。这种自洁叶面的现象被称作"荷叶效应"。这种精细的结构不仅有利于自洁，还有利于防止大量漂浮在大气中的各种有害的细菌和真菌对植物进行侵害。

当今，仿生荷叶的技术已经渗透到了纺织、化工等诸多社会行业，很多企业开发了一些仿荷叶结构的纳米材料和产品，例如荷叶织物、荷叶防水漆、荷叶防水玻璃等。

5. 小荷才露尖尖角，早有蜻蜓立上头。

出淤泥而不染，濯清涟而不妖。

（摘抄两三句即可）

6. 见表1。

7. 王莲。

8. 形态：有巨大的盘状叶片，边缘垂直上翻；功能：可以承载很大重量。

9. 王莲叶片这种支撑结构，是完全符合力学原理的优良承重构造。后来，人们在设计和建造建筑物时，就常借鉴王莲叶片的这种结构，在世界各地建造了无数精美绝伦的经典建筑，其中最著名的就是举世闻名的“水晶宫”。据介绍，1849年英国决定举办世界博览会，选址于伦敦海德公园。但当时人们以建造世博场馆破坏公园树木为由强烈抗议。这时，英国园艺师约瑟夫·帕克斯顿以王莲的叶片为设计灵感，提出了自己的方案：一座仅由钢材、木料和玻璃等简单材料构建而成，可以在别处生产再到海德公园进行拼装的华丽宫殿。这便是后来举世闻名的“水晶宫”，它就好像一座巨大的温室，保护着里面的树木。1851年，第一届世界博览会成功举办，“水晶宫”被誉为那届世界博览会上最成功的展品。

10. 王莲的花具有浓厚的香味。王莲的花色也娇容多变：第一天是白色，有白兰花香气；次日逐渐闭合，傍晚再次开放，花瓣变为淡红色至深红色；第三天闭合并沉入水中。王莲果实成熟时，内含300～500粒种子，多的可达700粒。种子大小如莲子，富含淀粉，可食用，被称为“水玉米”。

11. 见表2.

12. 见表1。

13. （1）桫椤是桫椤科、桫椤属蕨类植物，有“蕨类植物之王”的赞誉。桫椤是能长成大树的蕨类植物，又称“树蕨”。桫椤是已经发现的唯一的木本蕨类植物，极其珍贵，堪称国宝，被众多国家列为一级保护的濒危植物，有“活化石”之称。在约1.8亿年前，桫椤曾是地球上最繁盛的植物，与恐龙一样，同属

“爬行动物”时代的两大标志。桫椤名列中国国家一类8种保护植物之首。

（2）桫椤是裸子植物，主要生长在热带和亚热带地区，东南亚和日本南部均有分布。它是唯一可以长成树的蕨类植物。它的孢子类的种子长在叶子的背面，基本没有被包裹住，当种子成熟时会变成褐色，很容易脱落。

14. 桫椤濒危的原因主要有以下几方面：

（1）桫椤是木本生植物，生殖周期很长，在自然界，有幸存活的孢子，从萌发至形成幼孢子体这一过程，费时达1年以上。湿度、温度等的变化，都可能影响萌发孢子的生死存亡或延迟以后的发育进程。（2）它对环境的严重依赖性，限制了它只能在一定孤立的区域繁衍，而成年株在周围5米范围内也限制了生长桫椤幼株，因此适宜桫椤生长的区域更小了。尽管桫椤偶尔也能侵入并幸存在新的森林区域，但它竞争不过当地迅速生长的植物。（3）由于桫椤无完善的根系，很难适应变化较大的生态环境。原始森林逐年遭到破坏，桫椤赖以生存的温暖、潮湿、荫蔽、水分充足、土层肥厚和排水良好的环境也在经受毁坏或者消失。（4）人为的砍伐，甚至不法分子盗挖盗卖桫椤等现象也时有发生，使生长数年或几十年的桫椤毁于一旦，桫椤正在经受毁灭的威胁。

行后学习素材

1. 直接意义：为人类的生产和生活提供所需品（如木材、瓜果等），或从植物中提取树脂、染料等。

2. 间接意义：（1）与生态系统功能有关（如保护土壤、调节气候）；（2）具有一定科学价值，有助于搞清生物演化的过程。

参考文献

[1] 马勋. 中国古莲子 [C]. 中国植物学会植物园分会学术讨论会, 2000.

[2] 张家贤，周伟．桫椤物候研究 [J]. 生态学杂志，1992(3).

课程故事

孩子们天生对周围的事物具有浓厚的兴趣。我校周边的植物资源十分丰富，光植物园就有两个。中科院植物所植物园既有中科院植物所的专业资源，栽培植物品种众多，同时门票价格优惠，游人相对较少。结合我校植物校本课程的建设，我想到结合我校资源合作单位——中科院植物所来设计此课程，希望通过这个课程帮助学生去更多地了解自己的生活环境，激发他们热爱自然、保护自然的热情；同时，也培养学生们自主学习的能力，提高他们的科学素养。

结合学区课程设计的要求，在植物的选择上要求有一定的特色，我首先就想到了具有“植物活化石”之称的桫椤。这一植物平时人们很少了解，却具有很高的研究价值，这和现在的植物保护也有很大的关系。如何让学生更有兴趣地了解网上深奥的资料呢？结合教材上的关于被子植物的介绍，我设计了观察活动，希望学生们通过观察植物的生活环境和形态特征，认识一种课本上没有介绍过的裸子植物；同时，我加入了植物绘画的活动，希望学生在绘画的过程中有更细致的观察与更多的发现。由于大部分学生没有植物绘画的认知和基础，我将观察桫椤安排在最后一个考察点，在前一个考察点中给出专家的植物手绘图，起到一定的指导作用。

在搜集资料完成答案的过程中，我自己也增长了不少知识，比如：模拟王莲叶子结构制造的举世闻名的“水晶宫”，王莲花色的变化，以及睡莲和荷花的区别，等等。应该说，整个课程设计的过程也是自我学习的过程。

市花月季的地位只是“山寨版玫瑰”吗？

——北京植物园月季园的植物学考察

徐晓明

活动路线图

图1　主要考察点

活动特色

五月的北京植物园月季园是花的海洋。盛开的月季争奇斗艳，每天都吸引着大量游客前来观赏。

月季属于蔷薇科蔷薇属植物，被称为“花中皇后”，又称“月月红”“四季蔷薇”等，是常绿、半常绿低矮灌木，四季开花。月季的适应性强，地栽、盆栽都可以，可以用来美化庭院、装点园林、布置花坛，更可以作为鲜切花，在花店被冠上“玫瑰”的名字，用于表达爱意。其实月季不仅可作为观赏植物，也可作为药用植物，其花、根、叶都可入药，有些品种的花含挥发油，还可提取香精。所以月季的作用远不止观赏。

月季园是北京植物园的一大观赏园区，栽培了近1000个月季品种。每逢月季盛开时，很多游客就会带上自己的“长枪短炮”，穿梭在花的海洋中，就像起舞的蝴蝶，在记录自己美好心情的同时也记录着自然之美。现代月季品种、颜色多样，除了红、粉、黄等单色外，还有各种混色。月季还是北京市的市花呢！你知道月季有哪些常见品种吗？月季一般采用哪种繁殖方式？不同品种的月季香味、花瓣都一样吗，有何异同？接下来，就让我们一起走进月季王国，探寻月季之美，成为一个“月季通”。

活动目标

总目标	活动地点	分点活动目标
1. 借助不同的方式（看、闻、绘、记）区分不同的月季品种，加深对植物无性繁殖方式的理解，了解月季在生活中的应用 2. 学会观察植物的方法，提高对植物分类方法的认识	1. 月季园入口	1. 通过阅读导览图以及听月季园介绍对月季园有整体的认识，从园林设计的角度体会生物与人文的融合
	2. 树状月季大道	1. 了解不同的月季品种（植株大小、枝条特点、花的大小、颜色及香味），提高对植物分类方法的认识 2. 通过月季的栽培方式，理解无性繁殖的优点 3. 了解月季在生活中的应用

活动准备

1. 准备物品：携带手机（便于随时查阅资料）、相机、直尺、纸、笔、饮用水、雨伞等。

2. 活动中注意拍照，仔细观察并多做记录，跟随工作人员、指导教师或家长完成相关问题，这个过程中要多思多问。

3. 安全事项：文明观赏，不要随意摘取园中的花朵；不要随意食用、接触不了解的植物，以免受到伤害；准备好防蚊用品、遮阳用品、雨具等。

实践活动设计

行前学习任务

1. 查阅资料了解月季园的历史和建筑特点。
2. 月季除了可以观赏，生活中还有哪些用处呢？

行中学习任务

考察点1：月季园入口

从南门或东南门进入北京植物园，在门口拍摄导览图，并在导览图的指导下找到月季园。在月季园的入口有关于月季园的介绍，结合阅读介绍，试着根据下面几个问题，对月季园的历史和建筑特点等有一个整体的认识。

图2　月季园广场

1. 月季园建成于哪一年？
2. 月季园的广场采用了哪种设计方式？
3. 月季园的主景雕塑是什么？尝试解读一下雕塑的含义。

4. 月季园除展示各种月季外，还有哪些代表植物？（列举两种）为什么月季园中还会展示这些植物？

考察点2：月季园中的不同品种

月季园除了中央大型沉床式的观赏区，树状月季大道也是月季园最壮观的展示区。月季已有千年的栽培历史，现有园艺品种多达万余种，如地被月季、微型月季、丰花月季、大花香水月季、藤本月季等。

图3　月季园主景雕塑

5. 从植株大小、枝条粗细及直立性、花朵特点、香味等方面完成表1中所列的月季信息。表1中所列品种仅供参考，也可替换成你喜欢的其他品种。

表1　月季特点汇总表

月季品种	特点介绍
藤本月季	
大花香水月季	
丰花月季	
微型月季	
地被月季	

6. 作为观赏植物，月季的需求量很大，月季主要靠哪些繁殖方式从而快速繁

殖出大量的月季呢？

（1）嫁接法：月季常用此方法完成繁殖，观察这些月季都是以哪种植物作为砧木嫁接而成的？嫁接过程中要注意哪些问题可以提高成活率？

（2）除了嫁接法外，还有哪些不同于靠昆虫传粉的繁殖方法？为什么要选用这样的方法？

7. 月季颜色艳丽，四季常开，深受人们的喜爱，中国有52个城市将它选为市花，1985年月季被评为中国十大名花中的第五位。月季除了可以观赏，生活中还有哪些用处呢？查阅资料完成下面的问题：

（1）除了植物园，你还在哪些地方看到过月季？请列举3～5个地方。

（2）月季除了观赏，生活中还有哪些用处？

行后学习任务

试着利用扦插方式繁殖一株月季，拍照记录扦插后枝条的变化。

学习素材

行前学习素材

1. 月季园位于北京植物园南部，建成于1993年5月，是北京现有最大的月季专类园，兼具搜集保存月季品种资源、展示品种多样性的功能。为月季品种的开发、科研、育种提供基地，为市民科普、游赏提供场所。2003年，月季园在澳大利亚著名月季育种家劳瑞·纽曼先生捐赠的部分月季品种的基础上，为北京植物园累计收集200多个月季品种，于月季园西南辟地，建设“中澳友谊月季园”，至此，月季园增设新功能：展示月季发展历史。月季园采用沉床式设计，中部是音乐喷泉广场。广场为沉床式，圆形，中间为暗设的喷泉，沉床周边是赏花区。

2. 月季除了观赏还可以用来制作月季花茶；花可提取香料；根、叶、花均可入药，具有活血消肿、消炎解毒功效；月季花还是吸收有害气体的能手。

行中学习素材

1. 1993年5月。

2. 沉床式设计。

3. 花魂。采用月季花的造型，将花瓣分离并加以抽象，用多根花柱支撑，形成散而不乱、中心集聚的雕塑形象，此雕塑在景观上起到节点对景作用，以植物作为背景，彰显月季主题。（学生自由发挥即可）

4. 金焰绣线菊、紫叶矮樱（其他亦可）。都属于蔷薇科植物。

5.

表1　月季特点汇总表

月季品种	特点介绍
藤本月季	枝条长，依附于其他物体生长、花色艳丽、香气浓郁
大花香水月季	植株高大、直立生长、花色多且鲜艳、香气浓郁
丰花月季	植株较高大、直立生长、花聚生、花色艳丽、品种多样
微型月季	植株较矮、枝细叶小、花多聚生
地被月季	植株矮小、枝条长、匍匐、蔓生、开花覆盖面大

6.（1）香木；注意使接穗和砧木的形成层紧密结合，选择健壮的砧木，选择适合的嫁接时间等。

（2）分株法、扦插法、压条法、组织培养等；这些方法都属于无性生殖，繁殖速度快，能保持植物的优良性状，所以被广泛用于花卉栽培中。

7.（1）路边、校园、小区绿化园、天坛公园等。

（2）有的品种可用来提炼香精，有的品种可供药用，有些品种的花瓣可用来加工制作糕点。

行后学习素材

扦插的茎段应选择健壮、有芽的枝条。为了插条更容易成活，需要去掉部分叶片，需将枝条上的一个节埋入土中，保持水分充足并注意遮荫，利于成活。

课程故事

我所在的学校是北京市海淀外国语实验学校。学校中植物丰富，每到春暖花开的时候，校园里就会变得花红柳绿、缤纷多彩，我和学生们每年都会共同见证这些小生命从发芽、长大到开花、结果的过程。

面对这么丰富的植物资源，学生们，甚至包括我，都不能准确说出植物的名称。曾经有一次，一名学生拿着一片植物的叶子来问我，我在给她解答了疑惑之后，看到她跟几名要好的同学又奔跑着去找另一种植物。后来，我了解到，她自己做了一本植物图册，里面涉及的内容有植物的名称、相关的特点、生活环境、自配插图以及自己压制的干叶标本。这件事情让我意识到，其实学生在欣赏校园美景的同时，对花花草草也是充满了好奇心的，于是我每学期都会拿出一些时间让学生走出课堂，走进校园，去认识校园中不同的植物。经过这样的基础学习后，很多学生跟父母外出或旅游时，会给父母讲解他们所认识的植物，一方面加强了学生对不同植物的了解，另一方面激发了学生的求知欲。总体来说，在这样的学习过程中，既培养了学生的观察力及爱绿护绿的环保意识，又符合生物学科贴近自然的学科定位。

这次课程设计，我选择了月季，希望学生们能对这随处可见的“市花”有更多的了解。

北京植物园里有植物活化石吗？

——特色孑遗植物水杉的生物学考察

张小平

活动路线图

图 1　主要考察点

活动特色

北京植物园位于风景秀丽的香山脚下，是国家级AAAA级旅游景区、中国野生植物保护科普教育基地、中国青少年科技教育基地、北京市科普教育基地，是一个集科普、科研、游览等功能于一体的综合性植物园，是国家重点建设的植物园之一。这里的植物资源丰富，园内收集展示各类植物10000余种（含品种）150余万株，其中乔木和灌木2000多种，还包括许多稀有物种，比如水杉。水杉属在中生代白垩纪和新生代约有6～7种，过去认为早已绝灭，直到1941年我国植物学家在湖北利川和四川万县一带首次发现。北京植物园的水杉主要栽种在樱桃沟，这里环境清幽，漫步其中令人心旷神怡，尤其是春、夏两季，这里还经常启动喷雾，从而吸引很多人前往体验身在仙境之美。就让我们一起走入这神秘的地方，来探秘这神奇的植物吧！

活动目标

总目标	活动地点	分地点活动目标
1. 通过对北京植物园孑遗植物的资料收集、观察和记录，了解孑遗植物的生物学价值，认识孑遗植物的特殊意义 2. 通过对水杉外形的观察与描述，认识孑遗植物——水杉的形态结构 3. 通过对植物年轮的观察，大胆猜测影响生长的因素，认识木本植物年轮的意义 4. 在实践活动中，体验探索自然奥秘的乐趣，感受我们生活的周边环境之美，激发学生们热爱大自然、探究大自然的兴趣，培养合作意识和表达能力，增强学生们保护生存环境的意识	1. 北京植物园南门	1. 通过对北京植物园南门到樱桃沟水杉林栈道路线的选择，了解比例尺计量，学习路线规划，培养学生解决问题的能力 2. 通过沿途观察植物，认识和了解植物及其形态特点，培养观察能力
	2. 樱桃沟水杉林栈道	1. 通过观察了解水杉这种特殊植物的外形特点，进一步培养观察能力 2. 通过阅读介绍的资料，了解孑遗植物，进一步认识植物活化石水杉，培养搜集、分析信息的能力 3.通过对植物园水杉古桩的资料阅读、实地观察，进一步了解水杉，在交流和辩论中培养创新能力
	3. 桃花源（草坪）	在交流展示中总结收获，培养交流表达的能力

活动准备

1. 准备物品：自备直尺、铅笔、彩笔、橡皮等工具，准备手机（下载植物识别APP，如花伴侣、形色等）现场认识植物，带好防晒用品，准备足够的饮用水。

2. 人员准备：学生分组，分发学习活动任务单，每组由指导教师或家长带领。

3. 安全事项：不随意采摘花朵，不触碰不知名植物（尤其是颜色鲜艳的植物），以防中毒。

实践活动设计

行前学习任务

1. 孑遗植物的特性是什么？列举我国3种以上的孑遗植物。

2. 水杉的形态特征有哪些？

3. 你知道植物年轮的形成可能受到哪些因素的影响吗？

行中学习任务

考察点1：北京植物园南门

进入植物园南门后，在进门东边的导览图附近集合，了解活动安排，自由分组。根据导览图，寻找南门到樱桃沟水杉林栈道的最佳路径，应用比例尺粗略估计距离，完成下面的行走路线。

1. 路线设计

最佳路线：起点北京植物园南门→经过______→经过______→经过______→经过______→经过______→经过______→ 水杉林栈道。（不够可自行添加）

理由：____。

2. 观察记录

观察在这条路径中有哪些美丽的植物，用APP查找它的名称和简单介绍，并用文字或画图的方式将观察地点、植物的名称和植物的形态特征等内容记录在表1中。

表1　植物调查记录卡

观察地点	植物名称	形态特征（画图或文字）

考察点2：樱桃沟水杉林栈道

3. 你知道吗

在樱桃沟水杉林栈道，到处可见这样树干通直挺拔、树形漂亮的树木，这是什么植物？

图2　水杉林栈道

4. 画一画

观察这种植物，用画图的方式记录它的外部形态（如树形、树干、树叶等）特征。

5. 找一找

（1）找到原樱桃沟入口处的"寿安山"石刻，著名书法家欧阳中石为水杉题了什么字？

（2）水杉林栈道上介绍了很多关于水杉的知识，仔细找一找，并完成以下问题：

① 为什么水杉被称为活的"植物化石"？

② 水杉被发现于什么时间和什么地点？被什么人发现的？

③ 你知道关于北京植物园水杉的历史吗？樱桃沟为什么适合水杉生长？

6. 水杉古桩

（1）水杉古桩来源于哪里？树龄大概多少？

（2）观察一下树桩的年轮，你从中读出了哪些信息？理由是什么？

图 3　水杉古桩

考察点3：桃花源（草坪）

7. 画一画

请根据第2题中所写信息，用手中的彩笔，画出自己眼中美丽的植物，并进行交流展示。（要求：标注植物名称、观察地点）

行后学习任务

1. 植物园中还有其他孑遗植物，搜集资料，了解它们叫什么和分布在哪里。

2. 关于孑遗植物，你还了解些什么？尝试用手中的笔描绘它的形态特征吧！

学习素材

行前学习素材

1. 孑遗植物的特性：有关的亲族都已灭绝，仅能根据化石去辨认，现生的种类生存地区零落，也有人称之为“活化石”。我国主要的孑遗植物有水杉、银杉、红豆杉、松叶蕨、桫椤、银杏、珙桐、鹅掌楸等。

2. 水杉，裸子植物杉科。落叶乔木，大枝轮生，小枝对生，叶交互对生，叶基扭转成2列，呈羽状，长1～1.7厘米，下面两侧有4～8条气孔线。雌雄同株。球果下垂，近球形，有长柄。种鳞木质，盾形，每种鳞具有5～9个种子，种子扁平，周围具窄翅。

3. 树木的年轮由树木的形成层每年的活动而产生，受气温、水分、光照等环境因素影响。春天，气候温和、雨量充沛，对树木的生长有利，这时形成层细胞分裂旺盛，新产生的细胞大而明显，导管又大又多，因此，木材就显得颜色淡，质地松软，称为春材。入夏以后，随着气温增高，雨量减少，特别是到秋天，天气渐冷，雨量更少，形成层活动减弱，分裂出的细胞形状小，加上细胞壁厚，导管又少，木材质地致密而坚硬，颜色也深，称为秋材。在同一年里，从春到秋，木材由疏松到致密，颜色由浅至深是渐变的，两者之间没有明显的界线。但是，去年的秋材与今年的春材之间，则有明显的界线，因此，生长了几年的树木，在木质部的横切面上，就清楚地显示出几层同心的圆圈，称为年轮。

行中学习素材

1. 路线设计

最佳路线：起点 北京植物园南门 →经过 展览温室 →经过 卧佛寺门口 →经过 樱桃沟 → 水杉林栈道。

理由：距离近（中轴线），沿途有各种景观。

2. 观察记录（参考）

表 1　植物调查记录卡

观察地点	植物名称	形态特征（画图或文字）
北纬40度	连翘	枝干丛生，中空，拱形下垂，叶对生，花瓣4片，黄色，花紧实……
桃花源	碧桃	叶片长圆披针形，叶缘呈锯齿状，花朵重瓣，有浅粉、深粉等多种颜色……
……		

3. 水杉。

4.

图 4　水杉手绘图（由中科院植物所孙英宝老师提供）

5.（1）

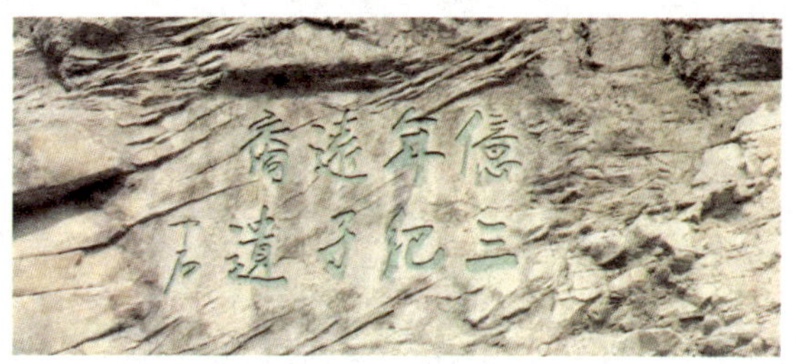

图5　欧阳中石先生题字

（2）

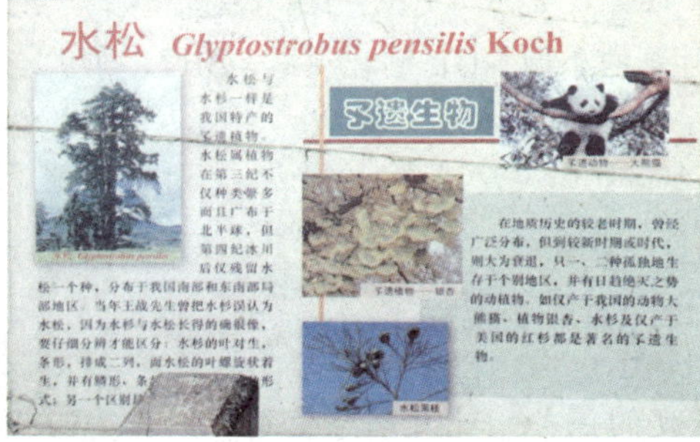

图6　水杉的介绍资料

6.（1）

图7　水杉古桩介绍资料

（2）参考：树龄（圈数）、判断方向（向南凸起）、生长环境（温度、降水、病虫害等通过年轮可以观察到）……

行后学习素材

1. 珙桐（卧佛寺东南方向的宿根园内）、鹅掌楸（树木园）。

2007年，大禹故里——四川省北川县的羌族人民为奥运会捐献了一批象征和平幸福的鸽子树——珙桐，其中一部分种植到了北京植物园。

我国已故著名林学家、南京林业大学的叶培忠教授于1975年赠送北京植物园10株杂交鹅掌楸，是最早引种到北京的一批。

2. 答案略。

参考文献

刘东来. 北京植物园："植物的王国，科普的乐园"[J]. 管理观察，2012（30）.

课程故事

2018年初，为了完成学区特色课程开发的任务，让大家感受到我们生活的四季青地区之美，结合我校植物特色课程，我选取了北京植物园进行介绍。我们都知道，四季青地区风景优美，植物资源丰富，其中的北京植物园更是栽培了6000多种植物，这就让生活在都市的人们有了一个呼吸新鲜空气、接近大自然、放松休息的地方。每到周末或假期，来此游览、观赏植物的人们络绎不绝。在这里，不仅有常见的植物，还有一些稀有植物，如堪称“植物活化石”的水杉。很多人都知道北京植物园有水杉，那为什么北京植物园的水杉特别出名呢？其一，是因为水杉的外形美观，树干通直挺拔，树形也很漂亮，夏天叶翠绿，秋天叶金黄。其二，是因为北京植物园的水杉林有喷雾景观。每年“五一”和暑假、“十一”等节假期，都会有很多游客来此游览。这里不仅空气清新，景色宜人，而且行走在水杉林栈道上，有种走入仙境、缥缈如仙的感觉，夏天这里更是凉爽宜人，可以说这里已经成为北京植物园的一大特色景观了。其三，是因为水杉是有名的孑遗植物，也有称之为“植物活化石”的，听说曾经有人出过很高的价格想收购这里的水杉呢！

说到“孑遗植物”这个名词，有人可能比较陌生，特别是小学生。“孑”念jié，在百度百科中是这样介绍的：“孑遗植物也叫活化石植物，它们的起源久远……大部分已经因为地质、气候的变化而灭绝，只存在很小的范围内……保留了其远古祖先的原始形状。孑遗植物近缘类群多已灭绝，因此，也是比较孤立、进化缓慢的植物。”从中可以看出，孑遗植物具有很高的研究价值。那作为孑遗植物的水杉到底长什么样？有什么特点呢？可能有不少人都没有仔细观察过。本活动就是基于此展开设计的。小学生喜欢探究身边事物，我结合自己教授的三、四年级的科学课，融合了语文阅读、美术绘画等学科，在跟随课程团队实地考察之后，对之前的课程设计进行了修改，加入了更多实地考察的活动。希望通过这节实践活动课引导学生：在找寻最佳路线中学会合理安排；在对水杉植物的合作观察中进一步巩固所学关于植物形态描述的知识，培养学生合作交流和勇于质疑的科学品质；在对资料的阅读中学会提取信息，更多地去了解身边的特色植物；在交流展示中感受我们生活的这片土地的魅力，激发他们热爱自然、保护自然的热情。在这节课的多次修改设计中，我对孑遗植物以及植物年轮的意义也有了更深入的认识，在实地考察和交流中，我对活动课中出现的如何设计能更具开放性、怎样激发学生的参与积极性等问题，有了一些新的想法，后续我也将在活动中进一步实践和改进。

北京植物园蜜蜂研究所的蜜蜂究竟有何特色？

——北京植物园蜜蜂研究所的综合考察

李贝贝

活动路线图

图 1　主要考察点

活动特色

几年前网络上流传着一种观点：“如果蜜蜂从地球上消失，人类将只能再存活4年。没有蜜蜂，没有授粉，没有植物，没有动物，也就没有人类。”虽然这种说法可能有些夸张，但不可否认的是，亿万年来，蜜蜂通过授粉，确保了植物的繁荣和进化，为人类提供了丰富的食物，是自然生态链中的重要环节。蜜蜂被称为社会性昆虫的典范。昆虫有哪些特征？蜜蜂怎样体现其社会属性？蜜蜂的哪些生物奥秘被人类探索发现了呢？它们为什么被称为“人类的朋友”呢？那么，就让我们走进北京植物园蜜蜂研究所，开启蜜蜂观察之旅，探寻生物的奥秘吧！

活动目标

总目标	活动点	分点活动目标
1. 通过观察蜜蜂外形，了解昆虫特征 2. 通过参观蜜蜂博物馆、观察蜜蜂行为，了解蜜蜂的社会性特点 3. 通过探讨蜜蜂对大自然和人类社会的影响，理解蜜蜂的价值	1. 蜜蜂博物馆	1. 观察蜜蜂解剖图，归纳认识昆虫的属类特征 2. 观察博物馆中展示的蜜蜂行为，了解蜜蜂社会的规则，思考蜜蜂的社会性特征 3. 认识蜜蜂的变态过程，了解蜜蜂的不同形态及分工 4. 探讨蜜蜂对大自然尤其是人类社会的影响
	2. 蜜蜂研究所养殖实验区	1. 实地观察蜜蜂，验证蜜蜂的不同社会分工 2. 观察蜜蜂舞蹈，绘制蜜蜂舞蹈路线图，猜测舞蹈内容 3. 观察蜂巢，讨论蜂巢结构的科学性，引申到自己的生活经验中

活动准备

1. 准备物品：建议携带手机、纸笔、驱蚊液、雨伞、相机、饮用水等。

2. 活动中注意观察记录数据，跟随指导教师完成相关问题。

3. 安全事项：观察但不触碰蜜蜂，以防被蜇。不要随意摘取路边的植物，不要食用或触碰不知名的植物，以防中毒。

实践活动设计

行前学习任务

1. 查阅资料，阅读至少两篇关于蜜蜂的小故事。

2. 查字典，找出与“蜜蜂”主题相关的英语单词，如蜜蜂__________，蜂巢__________，蜂蜜__________等。

行中学习任务

考察点1：蜜蜂研究所与蜜蜂博物馆

经卧佛寺琉璃牌坊向西约150米，即可看到中国蜜蜂博物馆路牌，沿路牌指示上坡，即可到达蜜蜂研究所大门。蜜蜂研究所青砖白墙，闹中取静，有专业的蜜蜂研究资料，有丰富的知识展览，是领略蜜蜂文化，探索蜜蜂生物奥秘的最佳之处。（选择其他路径亦可到达）

图2　蜜蜂研究所

进入研究所大院，按指示牌找到东侧的中国蜜蜂博物馆。馆内有丰富的图片、模型及实物展览，对蜜蜂的起源、进化和现状进行了全面的展示说明。

图3　中国蜜蜂博物馆

1. 观察蜜蜂解剖图，在表1中记录蜜蜂身体结构特征。

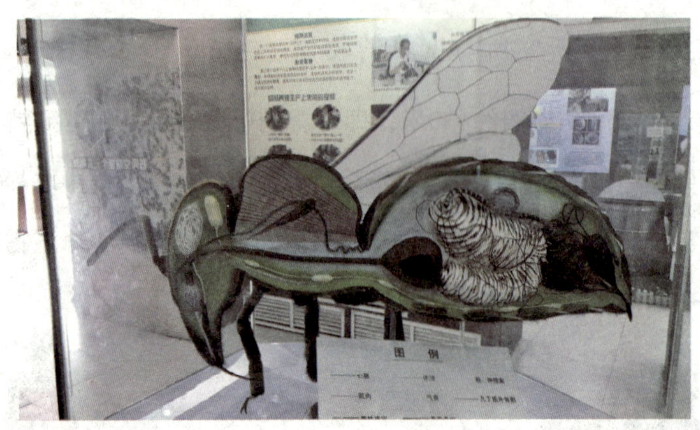

图 4　蜜蜂解剖图

表 1 蜜蜂的身体结构统计表

触角	翅膀	头部	胸部	腹部	脚
____对	____对	有 / 无	有 / 无	有 / 无	____对

2. 完成阅读题，归纳认识昆虫的属类特征。

Insects have ______ parts—head, body and abdomen. They all have ______ legs. Most of them have tentacles and wings. Bees ______ (are/ aren't) insects, but spiders ______(are/ aren't) insects because they have ______ parts and ______ legs.

A. *Fill in the blanks*.（填空）

B. *Point to the bee's abdomen /tentacles*.（指一指蜜蜂的腹部 / 触角）

C. *Other examples*.（列举一种昆虫/非昆虫）

3. 阅读展览中所提到四大经济蜂种及我国传统的中华蜜蜂，了解各品种有什么主要区别。讨论它们在世界上的分布区域，分析不同蜂种的分布与区域自然环境有什么关系。

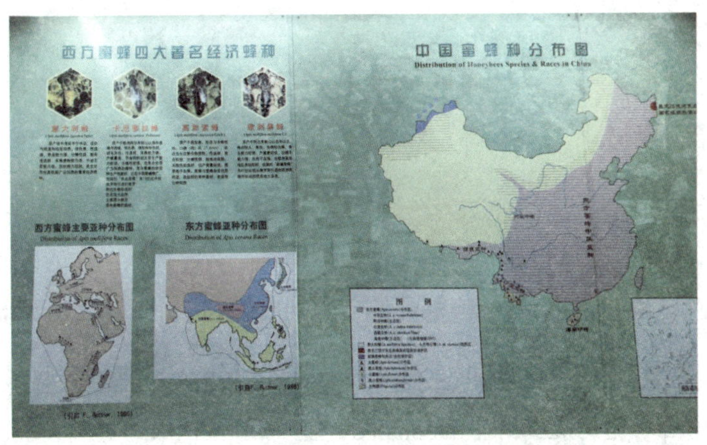

图 5　四大经济蜂种和中国蜜蜂种

4. 观察博物馆中展示的蜜蜂行为，探寻蜜蜂社会的规则和社会性特征。为什么说蜜蜂是“社会性昆虫”？蜜蜂社会跟人类社会有什么共通之处？

5. 认识蜜蜂的变态发育过程，了解蜜蜂的不同形态。

6. 探讨蜜蜂对大自然，尤其是人类社会的影响。

考察点2：蜜蜂研究所养殖实验区

返回植物园途中，出蜜蜂研究所大门西侧，可见蜂箱养殖区。

7. 实地观察蜜蜂，了解养殖实验的蜜蜂属于哪个种类。

8. 观察养殖蜂箱内的蜜蜂，探究其社会分工。

9. 观察一段蜜蜂舞蹈，绘制舞蹈路线图，猜测舞蹈内容，并说明理由。

10. 观察蜂巢，讨论蜂巢结构的科学性，借助手机查阅并结合自己的生活经验，列举人类生活中运用到蜂窝状结构的有哪些。

行后学习任务

1. 设计含有蜜蜂元素的邮票等艺术品。

2. 表演蜜蜂的社会生活，并自行设计对话。

学习素材

行前学习素材

1. 答案略。

2. 与“蜜蜂”主题相关的英语单词，例如：

蜜蜂bee，蜂巢beehive，蜂蜜honey，蜂房honeycomb，养蜂人beekeeper，黄蜂wasp，社会性昆虫social insects，给花授粉fertilize flowers，收集花粉collect nectar，（蜜蜂）蜇sting，蜂王queen bee，工蜂worker bee，雄峰drone。

行中学习素材

1. 表格信息如下：

触角	翅膀	头部	胸部	腹部	脚
1	1	√	√	√	3

2. A. 填空如下：

Insects have 3 parts—head, body and abdomen. They all have 6 legs. Most of them have tentacles and wings. Bees are insects, but spiders aren't insects because they have 2 parts and 8 legs.

B. 答案略。

C. 说明理由即可。

3. 能够从颜色、形态上简单区分品种即可。

列举中国、美国、俄罗斯、南非等学生较熟悉的国家，作为各大洲代表区域，从气候、植被因素对蜜蜂的颜色、形态进行探讨，说明理由即可。

4. 探讨蜜蜂是独居还是群居、成员是否分等级、是否有分工等，进而引申到人类社会的相应方面。

5. 答案略。

6. 蜜蜂在大自然中能给植物传粉，能为人类提供蜂蜜、蜂疗、艺术品，等等。

7. 实地观察蜜蜂种类，了解蜜蜂种类，例如：

世界公认经济价值最高的四大蜜蜂品种是指西方蜜蜂种——欧洲黑蜂、意大利蜂、卡尼鄂拉蜂和高加索蜂。

中国境内饲养的蜜蜂，主要有中华蜜蜂、意大利蜂、东北黑蜂和新疆黑蜂。主要的野生蜂种有大蜜蜂、黑大蜜蜂、小蜜蜂和黑小蜜蜂。

8. 观察养殖蜂箱内的蜜蜂分工，例如：

蜂王，一般蜂群中只有一个蜂王，个体强大，是蜂群中最大的蜂蜜，其日常工作就是产卵。

工蜂，是生殖器官发育不完全的雌性蜂，数量最多，担负了蜂群中几乎所有的工作，上到侍奉蜂王，下到抚育幼蜂，大到修家筑巢、采蜜、采水、采粉、采胶，小到侦察、保卫和打扫卫生，工蜂的数量及个体素质决定着蜂群的生产力。

雄蜂，是生殖器官发育完全的雄性蜂，数量少，不酿蜜，与蜂王交配后不久即死亡。

9. 蜜蜂靠太阳来辨别方向。在一天中，蜜蜂舞蹈的方向随着时间的不同而变化，蜜蜂是依靠蜂房、采蜜地点和太阳三个点来定位的。蜂房是三角形的顶点，而顶点角的大小是由两条线来决定的：一条是从蜂房到太阳的直线，另一条是从蜂房到采蜜地点的直线，这两条线所夹的角叫“太阳角”，是蜜蜂的“方向盘”。蜜蜂向左先飞半个小圈，又倒转过来向右再飞半个小圈，飞行路线就像个平躺着的“8”字。蜜蜂通过这种角度的大小来确定采蜜地点和方向。

10. 蜂巢的六边形结构是最节省材料的结构，且容量大、极坚固，被运用于建筑及制造航天飞机、宇宙飞船、人造卫星等方面。

行后学习素材

答案略。

课程故事

我最初的设想是在自己的学校——北京市海淀外国语实验学校的校园里面进行校园观鸟活动。因为校园里面有个小的动物园，也有专门的鸟笼便于观察，这样可以充分利用校园内的课程资源。后来这个课程拓展到学区之后，需要侧重区域特色，如果局限于一个校园，则不便于后续课程的推广，所以选题方向改为“野外观鸟”，后来又将范围缩小到“一河十园”，探讨鸟类和区域特色农业之间的关系。

第二次会议研讨时，经过大家的讨论，我觉得观鸟难度较大，不便于小学生集体操作，于是将主题改为对蜜蜂的观察研究，因为蜜蜂研究所是四季青区域内所特有的，而且非常有意义。由于我的重点是想结合英语等人文学科，侧重蜜蜂与周围环境尤其是跟人的关系，因此初定题目为“为什么说蜜蜂是社会性昆虫”，能够体现蜜蜂行为的特色，后来在真正着手去写时，发现“社会性”作为唯一视角有点太单薄，于是再次修改为“为什么说蜜蜂是人类的朋友？”。最后一次修改时，为了凸显区域特色，将题目确定为“蜜蜂研究所的蜜蜂究竟有何特色？”。

考察点1：

引导学生学习如何看展览，从中提取主要知识，并通过统计、讨论、设计等多种形式，跨越学科藩篱，将知识融入生活；对思维进行梳理，归纳出学生自己的新认知；对活动进行记录，为学生留下过程性评价的资料。

考察点2：

由书本或展览引入实际的养殖实验区，使学生的知识再次回归生活，从而变得鲜活。这里要注意安全问题，以防学生被蜜蜂蜇伤。

中科院植物所里的月季如何繁殖?

——中科院植物所月季的生物学考察

张喜印

活动路线图

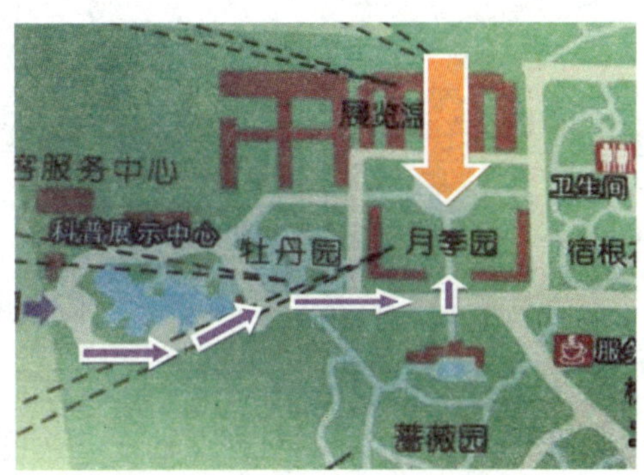

图1　主要考察点

活动特色

中科院植物所位于香山脚下，该所有着80多年的历史，是我国植物基础科学的综合研究机构。作为专门研究植物的院所，丰富的植物种类如何保留是重中之重，这就涉及植物的繁殖。

在我们周围，大多数植物都是靠种子来繁殖的，那自然界有没有植物是不用种子就可以繁殖的呢？你知道什么是无性繁殖吗？无性繁殖是怎样完成的？无性繁殖会不会影响植物的成活率？如果会，哪些因素会影响植物无性繁殖的成活率呢？下面，我们就来研究一下植物的繁殖方式吧！

活动目标

总目标	活动地点	分点活动目标
1. 了解月季的分类地位 2. 了解扦插是植物无性繁殖的重要方式 3. 通过活动过程初步尝试简单的扦插方法	1. 中科院植物所北京植物园西门	根据地图信息设计到达月季园的最佳路径，估测用时
	2. 月季园入口	通过指示牌信息，比较月季与蔷薇科植物的分类关系
	3. 月季园实验基地	1. 能够说出扦插是无性繁殖的一种方式，并初步尝试扦插方法 2. 分析后说出影响扦插成活率的因素

活动准备

1. 教师准备月季花的枝条若干、扦插的图片、扦插苗床、剪刀、沙、水、草木灰、塑料薄膜以及操作场地。

2. 准备物品：建议带手机、雨伞、相机、驱蚊液、饮用水等。

3. 安全事项：不要随意摘取路边的花朵，不要食用和触碰植物，以防中毒。注意月季茎干上的刺，防止刺伤。处理扦插枝条时，防止割伤。

实践活动设计

行前学习任务

植物有哪几种常见的繁殖方式？你知道月季通常采用哪种繁殖方式吗？

行中学习任务

考察点1：中科院植物所北京植物园西门

1. 进入公园正门后，在门口有公园导览图，可根据导览图查找你当前所处的位置。

2. 在导览图上找到月季园的位置，并根据地图信息，判断往哪个方向走可以到达月季园。

3. 根据导览图，选择一条你认为最佳的路径，将主要经过地点写在下方，并说明选择理由。

路线：西门 → 依次经过＿＿＿＿＿＿＿＿＿＿＿＿ → 月季园。

选择理由：＿＿＿＿＿＿＿＿＿＿＿＿＿＿＿＿＿＿＿＿＿＿＿＿。

估计用时：＿＿＿＿＿分钟。

考察点2：月季园入口

图2 月季园简介

4. 到达月季园后，可以见到介绍标牌。请你分析，人们之所以将月季园与蔷薇植物区放在相近的位置，是因为＿＿＿＿＿＿＿＿＿＿＿＿＿。

5. 蔷薇植物区里还有哪些与月季相像的植物？

考察点3：月季园实验基地

图3 月季园实验基地

6. 仔细观察，在月季园中，能否找到只有上部有少数叶片、枝条比较短小、没有繁茂侧枝的月季？这就是通过无性繁殖长成的月季。这种繁殖方式称为扦插。

请你观察，与其他植株相比，这些扦插植株周围的土壤有什么特点？

7. 植物扦插的方式：嫩枝扦插、硬枝扦插、叶插。这里的扦插方式有哪些？

8. 请根据下面的步骤，尝试硬枝扦插。

（1）选择生长发育健壮，长6～10厘米，无病虫害的半木质化枝条。

（2）去掉下部的叶片，只保留最上部的少数叶片。

为什么只保留少数的叶片？

（3）基部用锋利的刀片或剪刀削成楔形。

为什么基部需要削成楔形？

（4）扦插入土中，深度一般为2～4厘米。

（5）控制温度，培育。一般保持在20℃～25℃时生根最快。根据这个信息，自然条件下，__________季节适合扦插。如果温度较低时，你能想出较为实用的方法来保温，以便于扦插吗？

（6）控制湿度。注意使扦插基质保持湿润，但过湿容易引起腐烂。如果空气湿度小，可用______________________________方法保持湿度；如果空气湿度大，要注意______________________________。

行后学习任务

通过网络了解植物还有哪些无性繁殖的方式，都有哪些植物应用了这些繁殖方式？

学习素材

行前学习素材

植物的繁殖方式包括有性繁殖和无性繁殖；月季通常采用的是无性繁殖中的扦插方法。

行中学习素材

1. 答案略。

2. 月季园在西门的正东方向。

3. 选择的路线能合理解释即可。例如：经过古莲池、凉亭、mini瀑布，以及木兰芍药区即可到达月季园，这里路径最短。用时约3分钟。

4. 月季隶属于蔷薇科蔷薇属，但在蔷薇属中月季种类最为丰富，更适于作为常见的景观花卉、切花植物。

5. 如蔷薇、玫瑰等。

6. 土壤较松，湿度较高，部分有塑料覆膜。

7. 提示：月季的硬枝扦插和嫩枝扦插；多肉植物的叶插。

8. 部分步骤的答案如下：

（2）在生根之前，减少蒸腾作用，避免失水过多枯死。

（3）增大表面积，有利于水分和营养物质交换。

（5）春秋；在插条基部地面可利用塑料覆膜来保持温度。

（6）在插条基部地面利用塑料覆膜保持湿度。定时通风。

行后学习素材

植物的无性繁殖有出芽繁殖（如土豆等）、营养繁殖（如绿萝等）、嫁接繁殖（如黑枣等）、扦插繁殖（如月季等）。

课程故事

一株植物可以拯救生命，一粒种子能带来财富。不管是人的衣食住行，还是动物的食物来源，细数一下，我们会发现都和植物有着密切的关系。在植物界的50多万种植物中，种子植物占了一半左右，不仅数量最多，而且用途最广泛，与人类的关系也最密切。

如此多的植物，它们是怎么来的呢？它们是怎么繁殖的呢？都是依靠种子繁殖的吗？学生平时经常问我的这些问题，我准备在生物课本八年级下册“植物的生殖与发育”的基础上，结合这次的实践课给学生们解决。

我查阅相关植物繁殖的资料后，确定用月季这种植物来解决问题。大致确定了方向后，我将目标定在了中科院植物所的月季园，着重进行植物繁殖方式的介绍。月季，被称为花中皇后，又称“月月红”，是常绿、半常绿低矮灌木，四季开花，一般为红色，或粉色，偶有白色和黄色，可作为观赏植物，也可作为药用植物。月季的繁殖一般在早春或晚秋即玫瑰休眠时期，剪取成熟的带3至4个芽的枝条进行扦插。如果嫩枝扦插，要适当遮荫，并保持苗床湿润。扦插后一般30天即可生根，成活率为70%～80%。扦插时若用生根粉蘸枝，成活率更高。

每年中科院植物所都会对月季进行扦插繁殖，可以借助这样的机会向学生展示月季的扦插方法。在这个过程中，学生既了解了扦插过程和方法，也体会到了植物繁殖方式的多样性。

“香山红叶”这场戏，谁才是主角

——香山公园黄栌树叶的生物学考察

王思頔

活动路线图

图 1　主要考察点

活动特色

香山公园是四季青地区的著名景区，园内植物种类繁多，森林覆盖率高达96%，是北京市负氧离子浓度最高的地区之一。香山红叶，在1986年被评为“新北京十六景”之一，成为四季青地区远近闻名的地标式景观。很多名人曾以红叶作诗，例如：陈毅元帅的“西山红叶好，霜重色愈浓”，以红叶起兴，又以红叶作比，描写了红叶经霜打变红的现象。这红叶到底是什么树的叶子呢？如果你留心便会发现，为香山的“红叶”景观做出最大贡献的并不是我们所熟知的五角枫，而是另有“它树”——黄栌。在占地93万多平方米、约14万株的红叶树中，有80万平方米、10万余株都是黄栌，可以说黄栌是构成香山红叶的主体树种，每逢秋天，它装点着美丽的香山，具有很高的观赏价值。你认识黄栌吗？黄栌的叶子有哪些特点呢？就让我们共同开启香山公园黄栌树叶的考察之旅，真正去了解它吧！

活动目标

总目标	活动点	分点活动目标
1. 通过观察、测量和触摸，了解黄栌树叶的结构、类型 2. 通过查阅资料和讨论交流，了解植物叶片的作用	1. 香山公园正门（东宫门）	根据导览图判断所处位置及到达“红叶区”的方向、距离、时间
	2. 黄栌树下	1. 观察黄栌树叶的结构，测量各种形状的黄栌树叶的大小，判断黄栌叶片的类型 2. 了解植物叶片的作用

活动准备

1. 准备物品：手机（带健身软件）、放大镜、直尺、雨伞、相机、饮用水、驱蚊液、湿巾等。

2. 活动中注意观察记录数据，跟随指导教师完成相关问题。

3. 安全事项：不要攀爬陡峭的山坡。不要随意摘取路边的花朵，不要食用或触碰不知名的植物，以防中毒。触碰过植物后，及时用湿巾擦手，以免误食喷洒于植物表面的杀虫剂等化学试剂。

实践活动设计

行前学习任务

1. 了解关于植物树叶结构的相关知识。

2. 了解植物生长必备的条件都有哪些。

行中学习任务

考察点1：香山公园正门（东宫门）

如何找到黄栌树呢？它们主要位于公园内的“红叶区”。在进入公园正门检票口前，在公园左侧拍摄导览图，查找“红叶区”的位置。然后按照如下的导引前往。

1. 根据导览图判断自己所在的位置，并记录下来。

2. 进入正门后，根据你所在的位置，判断往哪个方向走可以到达“红叶区”。提示：进入正门后，即可看到勤政殿，在殿的南侧有主要景点指示牌，可以参考大致方向。

图2　香山公园内指示牌

3. 根据景区导览图，选择一条适合的路线，并说明你选择的理由。

4. 按照图3所示标牌找到一棵黄栌树，根据手机健身软件里显示的步行距离，粗略估算从公园正门口到你找到那棵黄栌树的距离是多少。

图 3　黄栌树及其介绍牌

考察点2：黄栌树下

“红叶区”是黄栌集中的区域，但黄栌的位置不尽相同，你找到的黄栌树可能就在临近静翠湖的小桥边。在前往翠微亭的小路边也有很多棵黄栌树。黄栌树与周围的古树一同生长，具有很高的观赏价值。可以选择就近观察，也可以选择继续前往黄栌的“大本营”——“红叶区”完成考察任务。

香山的黄栌大多高度可达3～5m。黄栌性喜光，也耐半阴，耐寒，耐干旱瘠薄和碱性土壤，不耐水湿，宜植于土层深厚、肥沃而排水良好的沙质土壤中。它生长快，根系发达。当秋季昼夜温差大于10℃时，叶色会变红。

5. 植物的叶的结构分为三部分：叶片、叶柄和托叶（如图4）。具有这三部分的叶称为完全叶，缺少一部分或者两部分的叶称为不完全叶。观察黄栌树的叶由哪几部分构成，判断黄栌树的叶是完全叶还是不完全叶。

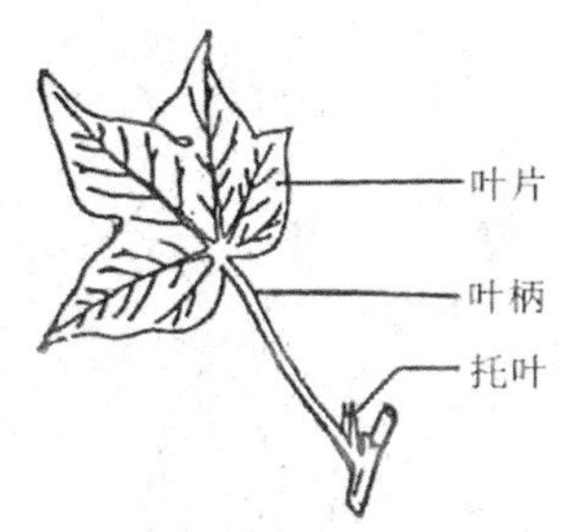

图 4　植物叶的结构

6. 选择一片黄栌树的叶片，在纸上拓画出它的轮廓，并测量它的长度和宽度。

7. 根据图5，观察判断黄栌树叶片的形状。它们都是一样的吗？在判断时，你有什么疑惑吗？写下来，并尝试寻找解决方法。

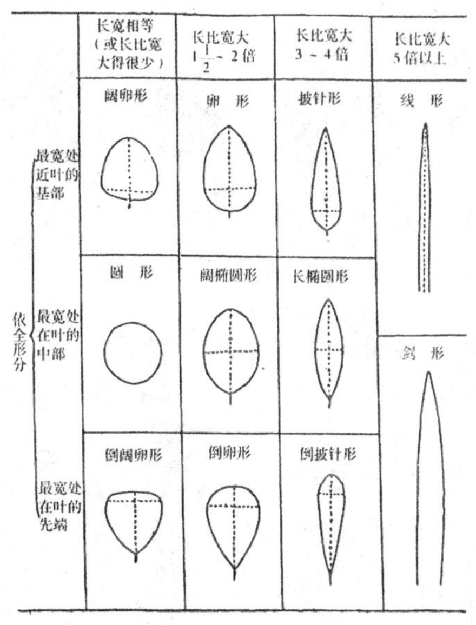

图 5　单叶的各种形状

8. 根据图6，黄栌树的叶片边缘属于什么类型？

本章图 4 ~ 图 8 均摘自《植物学》一书，详见参考文献。——作者注

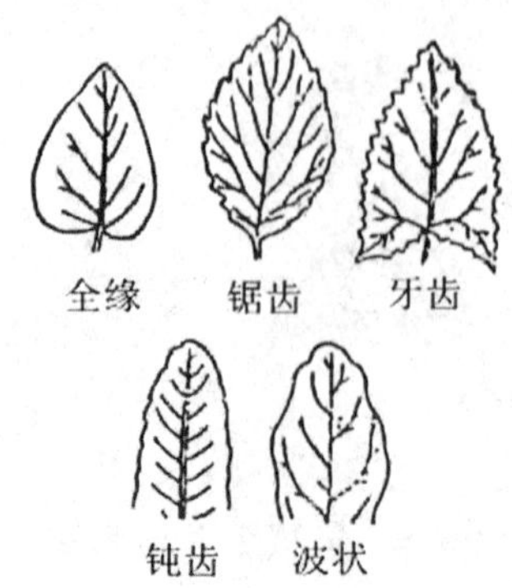

图 6　植物叶缘的基本类型

9. 用手摸一摸黄栌树的叶片，感觉一下叶片上有无绒毛。如果有，绒毛是在哪一面？另一面摸上去是什么感觉？

10. 根据图7，观察你拓画的叶片，判断黄栌树叶片叶脉的类型。

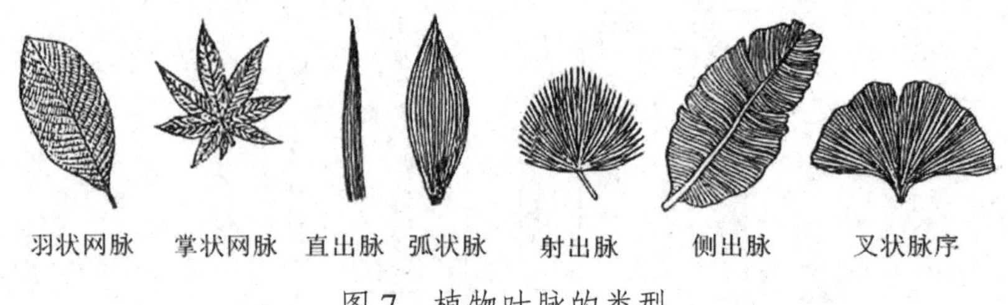

图 7　植物叶脉的类型

11. 根据图8，观察黄栌树的叶序是什么类型的？

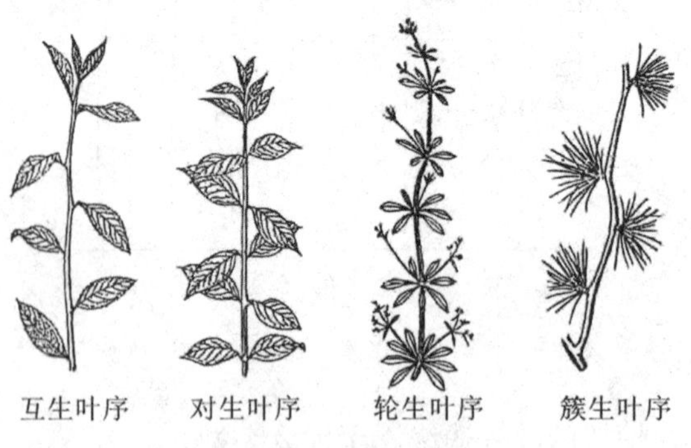

图 8　植物叶序的基本类型

12. 叶为植物提供养料，满足植物生长的需要。这些养料是由植物绿色的叶依靠阳光提供的能量，利用二氧化碳和水制成的。

二氧化碳+水→氧气+（　　）

13. 运用手机上网查询黄栌树叶冬天变黄变红的原因。为什么夏天有时也会有部分叶片，甚至茎段会变红呢？

行后学习任务

1. 捡拾不同大小、不同颜色的黄栌树叶，在布料、纸张上利用拓印或粘贴等方式作画，并写出设计的作品名称和作品的设计思路。注意：不要摘取生长在枝干上的叶片。

2. 请上网查询与红叶有关的诗词，并摘抄在本子上。

学习素材

行前学习素材

1. 关于植物树叶结构的知识：叶片形状分类、叶缘的类型、叶脉的类型、叶序的类型。

2. 植物生长需要空气、水、阳光、土壤、适宜的温度等。

行中学习素材

1. 香山公园正门（东宫门）。

2. 西南方向。

3. 建议由勤政殿南侧小路，过小木桥，走向静翠湖边，再沿步行路一直向西，至翠微亭、知乐濠，即到红叶区入口，继续西行即可到达红叶区。理由：最短路径，最为快捷。亦可选择其他路径，说明理由即可。

4. 到翠微亭约410米，步行大概需要9分钟。其他估算距离的方式合理即可，如可以根据步数确定距离等。

5. 有叶片和叶柄，是不完全叶。

6. 宽5.2厘米，长7.1厘米。根据自己捡拾的叶片测量即可。

7. 有多种，多数是阔椭圆形、倒阔卵形，少数是倒卵形或圆形。

图 9　黄栌叶片

8. 叶片全缘。

9. 有绒毛，在叶子背面（叶脉边缘较明显），另一面无绒毛，但略有一点涩。香山的黄栌有不同变种，所以可能叶片背面绒毛的生长情况有所不同。

10. 网状脉（羽状网脉）。

11. 互生叶序。

12. 养料（有机物）。

图 10　黄栌叶序全貌

13. 夏季，黄栌叶片细胞中含有叶绿素、类胡萝卜素、花青素等多种色素，但叶绿素居多，使叶片主要呈现绿色。秋季，气温下降，叶绿素被破坏而解体，不能重新合成，而类胡萝卜素不易被破坏，同时花青素等色素大量合成，使叶片逐渐变为黄色或红色。另外，如果在夏季昼夜温差大于10℃时，叶片也会变为黄色或红色。

行后学习素材

1. 充分发挥想象自由作画，注意要符合自己的设计主题。

2. 写出2～3句即可，例如：

停车坐爱枫林晚，霜叶红于二月花。

寒山十月旦，霜叶一时新。似烧非因火，如花不待春。

红叶满寒溪，一路空山万木齐。

参考文献

张爱芹，王彩霞，马瑞霞. 植物学 [M]. 成都：西南交通大学出版社，2006.

课程故事

每年一到秋季，数以万计的游客慕名来到香山公园观赏红叶，相信很多人和我之前一样，错误地认为香山红叶主要是枫叶。那么，香山红叶主要是哪种树的叶子呢？这一树种的叶片形状是什么样子？叶片的大小是多少？叶片的边缘是什么样子？叶脉又是什么类型的？叶序是如何生长的？

带着这些问题，2017年6月25日（星期日）上午，我来到北京香山公园正门（东宫门），进行踩点工作。

我先来到香山公园进门处的导览图附近，思考在这里能设计什么样的课程内容，从门口出发怎么找到黄栌树等问题。

根据导览图找到图中标注红叶区的位置，再确定从自己所在位置走到红叶区的路线，借助手机中的健身软件，可以将进门前行走的步数进行截屏，这样可以准确地记录出发时间，到达黄栌树下后，再一次截屏，就可以估算出所走的距离和用时了。

考察点2离东宫门不远，估计步行时间应该不超过15分钟。

走到黄栌树下，我首先看到的是黄栌树的介绍牌。找到黄栌树后又可以设计什么活动呢？我们应该怎样观察黄栌树的叶呢？

我选择从整体到部分再到整体的观察顺序。第一，观察黄栌树的叶有哪几部分结构，从而判断黄栌树的叶片是完全叶还是不完全叶。第二，用手摸一摸黄栌树的叶片，感觉一下叶片上有无绒毛。第三，测量叶片的长度和宽度，判断黄栌树的叶片是什么形状。第四，判断叶缘、叶脉属于哪种类型。第五，整体观察黄栌树的叶序是什么类型。

在行后学习任务的设计上，我引导学生充分发挥想象力，利用黄栌树叶作画并进行与红叶相关诗词的摘抄。

课程的设计虽然困难但是很有趣，既有专家的指导，又有朋友的帮助。相信在后面的研究和改进中，我设计的课程会越来越好。

第二篇
四季农耕果香

四季青地区为什么要修建梯田？

——中坞公园的农耕文化考察

刘艳婷　张　帆

活动路线图

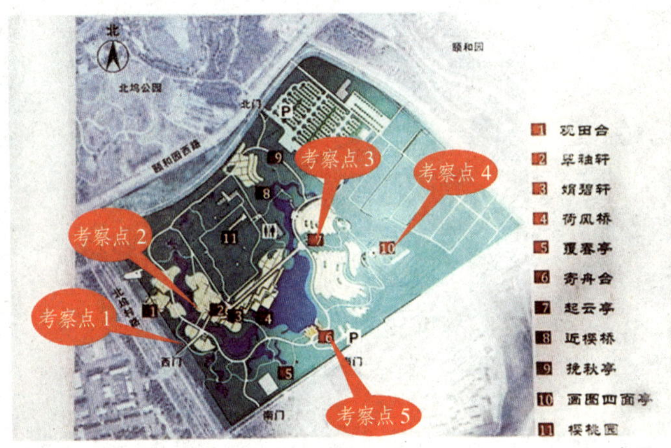

图 1　主要考察点

活动特色

中坞公园位于北京市海淀区四季青镇，占地面积约46万平方米。中坞公园早期是中坞村外围的农田。随着城市化进程的发展，2015年海淀区启动“三山五园”之园外园整体改造工程，修建了中坞公园。公园内设计了观亭台、翠袖轩、娟碧轩、荷风桥、寄舟台、起云亭等11个景点。人们走进中坞公园，便可以感受到一种久违的释然感和回归感。随处可见的耕织图雕塑，古色古香的亭子以及特殊的种植方式——梯田，带给人们一种远离城市喧嚣的宁静与惬意。那么，为什么要修建梯田呢？梯田有什么特点与优点呢？那些耕织图雕塑又有什么含义呢？就让我们带着这些疑问一起走进中坞公园吧！

活动目标

总目标	活动点	分点活动目标
1. 通过查阅资料，了解中坞公园的建园过程 2. 通过实地考察，感受农耕文化的魅力，了解水稻种植的基本过程，深刻认识到粮食的来之不易 3. 通过实地考察，认识梯田，了解修建梯田的原因 4. 通过阅读文献资料，了解京都八景之一——“玉泉垂虹”	1. 中坞公园西门	1. 通过阅读相关信息，了解中坞公园的建园过程 2. 通过交流分享活动前收集的图片资料，了解中坞公园主要的建园特点
	2. 耕织图雕塑“篚”所在田地	1. 通过查阅文献资料了解耕织图的发展历程 2. 观察耕织图雕塑，了解农耕文化，知道农民种植水稻的基本过程，深刻认识到粮食的来之不易
	3. 起云亭	1. 观察中坞公园梯田，了解其特点和分布 2. 知道影响梯田修建的因素 3. 了解常见的梯田类型 4. 知道种植油菜花的目的
	4. 画图四面亭	1. 查阅资料并听指导教师的讲解，了解京都八景之一——“玉泉垂虹” 2. 了解园林建筑中借景的手法
	5. 寄舟台	1. 观察寄舟台，结合资料说出中坞公园中“坞”的意思，了解寄舟台的用途 2. 通过对“二耘”耕织图的认识，培养学生逻辑思维的能力，进一步感受农民劳作的艰辛

活动准备

1. 准备物品：运动服、雨靴、雨伞、饮用水、手机、笔记本和笔等。

2. 活动前：按照学习任务单，查找资料完成中坞公园的行前学习任务。

3. 活动中：注意观察实践并记录好数据，跟随指导教师或家长完成相关问题。

4. 活动后：整理任务单，完成行后学习任务。

5. 安全事项：不要随意摘取路边的花朵，不要破坏庄稼，行进时注意安全。

实践活动设计

行前学习任务

1. 收集中坞公园不同季节的图片。可以从网上下载，也可以用自己以前拍摄的照片。

2. 查阅资料，初步认识《耕织图》。

3. 查阅资料，了解“玉泉垂虹”背后的故事。

行中学习任务

考察点1：中坞公园西门

图 2　中坞公园西门

进入中坞公园，首先看到中坞公园导览图，如图3所示。

图 3　中坞公园导览图

1. 阅读导览图内容，思考海淀区政府决定拆迁复绿的原因是什么。

2. 交流讨论中坞公园的特色景观有哪些？

考察点2：雕塑“篦”所在田地

《耕织图》是体现历史上农民农耕和采桑过程的图画，其中表现农耕的图一共有21幅，而中坞公园一共展示有11幅。从西门出发，向东北方向沿公园小路走大概300米，可以看到一个以《耕织图》为主题的雕塑。

3. 观察图4所示的雕塑，猜想雕塑中的人物在做什么事情。

图4　雕塑“篦”

4. 阅读旁边的诗文牌，验证猜想是否正确。

图5　“篦”诗文牌　　图6　雕塑“簸扬”

在“篾”诗文牌的西南方向，远眺看到另一个以《耕织图》为主题的雕塑“簸扬”。

5. 思考雕塑中的人在做什么工作。阅读旁边的诗文牌找出答案。

6. 水稻的种植、收获和加工的工序大致分为八个步骤，篾和簸扬属于最后一个步骤：储藏。

稻米种植、收获和加工的顺序正确的一项是（　）

A. 浸种　整地　育苗　插秧　除草　灌溉　收获　储藏

B. 整地　育苗　插秧　除草　浸种　灌溉　收获　储藏

C. 浸种　整地　灌溉　育苗　插秧　除草　收获　储藏

D. 整地　育苗　浸种　插秧　灌溉　除草　收获　储藏

考察点3：起云亭

图7　起云亭

起云亭是中坞公园11个景点之一，古色古香的起云亭是人们休憩的好处所。起云亭旁边的梯田最典型，往西走几十米就可以近距离参观中坞公园特有的梯田景象。

7. 观察梯田的形状特点，说出和以前见过的农田有什么区别。画出梯田的剖面图。

8. 梯田是在丘陵山坡地上沿等高线方向修筑的条状阶台式或波浪式断面的田地。已知最早的梯田在（　　），称作（　　），距今至少有2300多年的历史，堪称“世界梯田之乡”。

图8　梯田

9. 修建梯田的原因是什么？修建梯田有哪些好处？

10. 梯田是历史上人们为了种植粮食，在丘陵地区开垦的小块农田，梯田体现了我们先辈的智慧。但是我国东部平原地区，当年为了学习梯田精神，也把平地弄成了梯田，这样的做法可取吗？破坏了林地，是正确的做法吗？

11. 什么地方才适合修建梯田呢？

12. 不同的时节来中坞公园都会看到不同的植物景观。如五月中坞公园的油菜花是最吸引人的，九月又是水稻成熟的季节，沿着山坡“铺设”的水稻梯田，壮观且独特。

种植油菜花的目的是什么呢？

考察点4：画图四面亭

图9　画图四面亭

沿着梯田往上爬，直到最高处，看到右上方有一个高耸的亭子——画图四面亭。

在亭子的最中间有明代李东阳的《玉泉垂虹》，阅读亭中的诗词。

13. 诗中的“玉泉”指的是（　　）山的泉水，“玉泉垂虹”是（　　）之一。其他七景有太液秋风、琼岛春阴、金台夕照、蓟门烟树、（　　）、（　　）、（　　）。

14. 通过查阅资料，给同伴讲述“玉泉垂虹”背后的故事。

15. 画图四面亭是中坞公园的最高点。从东边远远望去可以看到万寿山上的

（　　），这是运用了园林建筑上的（　　）手法。

考察点5：寄舟台

图 10　寄舟台

图 11　雕塑“二耘”

寄舟台位于公园南门附近。

16. 观察寄舟台的形状，在纸上画出它的大致形状。

17. 中坞公园的“坞”字的意思是（　　），这与寄舟台有什么关系？

18. 坐在寄舟台旁边的凳子上可以看到名为“二耘”的雕塑。雕塑中人物在干什么？和“二耘”有什么关系？

19. 阅读旁边的诗文牌，从诗中找到依据，判断猜想是否正确并说出原因。

行后学习任务

为你觉得有代表性的农耕活动设计一个雕塑。

学习素材

行前学习素材

1. 中坞公园照片。（示例）

2.《耕织图》是南宋绍兴年间画家楼璹所作，是用以描绘封建时代水稻耕种和丝麻纺织生产过程的图画。南宋时的楼璹在任时，绘制《耕织图》45幅，其中耕图21幅、织图24幅。清朝时康熙在南巡时见到《耕织图》后，感慨农夫之苦和织女之寒，传命内廷供奉焦秉贞在楼璹绘制的基础上重新绘制，一共有耕图和织图各23幅，每幅配诗一首。

3.

"玉泉垂虹"背后的故事

在玉泉山下有两个洞，一个叫华严洞，一个叫弋真洞，也是天罗锁妖龙的地方。山下还有地井，名为双鱼井。那里的井水很甘甜，无论春夏秋冬，井里总是有两条鱼双双游荡。传说它们是一对恩爱的青年男女所变。

这对青年，原来都是北京城里的住户。小伙子家里很穷，一个人拉车，孤独地生活，还经常以给人家送水为营生。姑娘家也很穷，靠卖大碗茶谋生。小伙子勤恳老实，干活累了就到姑娘的茶摊上喝茶。姑娘聪明热情，对小伙子很好，时间长了两个人就渐渐有了感情。可是，姑娘的父亲想让她"攀高枝儿"，就暗地里把闺女许配给了一个钱号的掌柜。

此后的事情就如同经典戏剧一般，先是姑娘不同意这桩婚事，而后家里逼婚，最后姑娘与小伙子决定私奔。就这样，有一天趁大家不备，姑娘就和小伙子私奔了。不久，姑娘的父亲和钱号的掌柜都发现了，就四处寻找。探听中，有人说在西直门外看到了他们，于是所有人都向城外追去。

半路上，小伙子和姑娘以为安全了，就在路边林子里休息，突然看到有人追，于是跑到了玉泉山脚下，眼看没有后路了，却在眼前出现一口井，最后他们双双含泪跳进井里了。追来的人没有找到他们，却发现井底游上来两条金色鲤鱼。它们并排游了几圈后，又钻进水底了。此后，这口井也就得名"双鱼井"了。因为所在的地方是玉泉山的最低处，所以也叫它地井。每到天上出现彩虹，地井也会闪动金光，景色极美，后来被人称为"玉泉垂虹"。

行中学习素材

1. 海淀区政府为了打造“三山五园”的历史文化景区，建设颐和园等名园外围的园外园，因此建成了中坞公园。能够说出中坞公园的来历即可。

2. 梯田、油菜花、稻田等田园风光。

3.（参考答案4）主要引导学生自己去思考。

4. 去壳后的稻谷要用筛子筛净米糠和瘪谷，得到的即是糙米。篦就是筛除米糠和瘪谷。

5. 在场院临风扬簸，除去糙米中的尘渣杂质，相当于延续篦的工序，进一步加工糙米。

6. A。

7.（引导学生思考）剖面图示例：

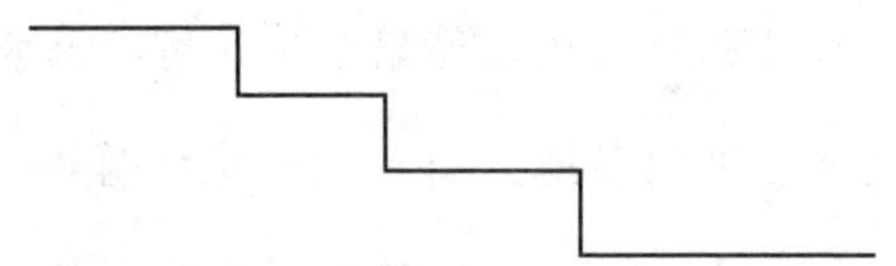

8. 广西桂林市龙胜县和平乡；龙脊梯田。

9. 粮食是人类生存的必备条件。为了解决粮食问题，南方地区的农民想要种植水稻就需要大面积的水塘，而我国东部、东南部地区偏偏多丘陵少平原。为此当地的农民开始修建梯田，用一道道的堤坝涵养水源，使在丘陵地带大面积种植水稻成为可能。修建梯田可以降低地表水流速度，增加地表水下渗，减少水土流失，起到保持水土的作用。梯田的通风透光条件较好，有利于作物生长和营养物质的积累。梯田的宽度根据地面坡度大小、土层厚薄、耕作方式、劳力多少和经济条件而定，通常和灌排系统、交通道路统一规划。

10. 不可以用平原地形来打造梯田，这样是不合理的。我们要学习的是梯田文化中不畏艰难的精神，而不是为了学习而学习。平原地区田地平坦，非常适合大面积种植，不能盲目地修建梯田浪费资源。

11. 丘陵地区山坡上。

12. 在中坞公园中种植油菜花，一是为了观赏，二是为了给水稻生产准备有机肥料。到时候，这些娇媚的油菜花儿就会被翻到地里去，使它们腐烂变质，为水稻生长提供营养所需。

13. 玉泉，“燕京八景”，西山晴雪，卢沟晓月，居庸叠翠。

14. 答案略。

15. 佛光寺，借景。

16. 答案略。画出近似船的形状即可。

17. “坞”指的是水边修建的停船或修造船只的地方。如此一来，人们才会建造寄舟台，以便停船上岸。

18.（参考答案19）引导学生充分发挥自己的想象力。

19. 二耘还生宿草，即指割后复生的二年或多年宿根性杂草，如芦苇、莎草等。有趣的是，图中绘者将田间劳作的情景推远，而将妇人童子挑担提篮往田里送饭的场景置于近前，充分地表现出祥和的农家生活。

课程故事

我们学校地处四季青地区，是著名的“京西稻”的故乡。现在的学生对水稻到底有多少了解呢？一次科学课上，我把这个问题抛给学生们。生活在大城市的学生们确实对稻田和油菜花知道的相对较少，但是有过农村生活经历的学生们说出来的话却出乎我的意料。“老师，我知道水稻的成长需要犁田、插秧、治虫、除草，还要有水和阳光，最后就可以收割了。”“老师，我知道水稻的生长需要水分、温度，还有空气。”“老师，我知道水稻要先育苗，才可以种植。”“老师，我知道育苗就是种子发芽、慢慢长成幼苗的过程，只有长成幼苗才能移植到大田里去。”“老师，我知道水稻到了成熟期，要先收割，用机器打出稻粒，再用机器加工，才能得到我们食用的大米。”

四季青地区的中坞公园、北坞公园里都有小片的稻田，我突发奇想，何不带领学生们进行一次和水稻有关的课外实践活动呢？我选择了中坞公园作为实践地点，这里不仅有水稻，还有一块小小的梯田。实践的过程中，有的学生提出了自己的疑问：“老师，为什么要修梯田呢？是为了美观吗？”“老师，修建梯田是因为土地构造吗？”“老师，梯田会有助于水稻的生长吗？”“老师，春天的时候这里种了油菜花，可漂亮了！”“是拔掉油菜花再种水稻吗？”……

面对学生们的种种疑问，我没有立刻回答，而是通过问题引领他们思考、探究。解决疑问的过程，也是提高学生们解决问题能力的过程。油菜花的知识是学生们讲的，他们提前查阅资料，互相交流，不仅学到了油菜花的相关知识，还总结出了为什么在种植水稻之前种植油菜花，原来油菜花除了观赏作用外，还可以给水稻当肥料。

一次实践课程，让学生们更加热爱学习，热爱大自然。同时，有学生表示：“在以后的学习生活中，会不断地学习，并将自己所学到的知识分享给大家。”

“四季青”的名字因何而来？

——四季青果林所的地理和生物学考察

宋　溪　杨　红

活动路线图

图 1　主要考察点

活动特色

GPS导航到达北京市海淀区闵庄路与巨山路的交汇处，就可以看到四季青果林所，我们的考察活动就从这里展开。

大家知道四季青的由来吗？这要从李墨林老先生的创业故事说起，他曾在144间温室大棚里种出了青菜、黄瓜、红果等反季节果蔬，得到了毛主席的称赞。从此，北京的老百姓一年四季都能吃上新鲜的蔬菜和水果，四季青镇也由此得名。

温室大棚究竟有哪些作用呢？它能为植物的生长提供什么适宜的条件？如何制作温室大棚的手工模型？想要了解这方面的知识，就快来开始本次的探究之旅吧！

活动目标

总目标	活动地点	分点活动目标
1. 观察温室大棚并绘制简图 2. 了解温室大棚对蔬菜和水果的生长起到的积极作用 3. 亲手制作温室大棚模型	1. 果林所正门	进入果林所后，在导览图附近停留，读懂导览图并填写自己所在的位置信息，了解园内整体布局概况
	2. 温室大棚	1. 观察温室大棚的外形，利用尺子测量温室大棚的高度、长度和宽度，记录数据，任选一种绘制简图 2. 利用温度计和湿度计，分别测量温室大棚内部和外部的温度、湿度。观察大棚内种植的植物是什么，思考为什么要种植在这里 3. 利用尺子、铁丝、塑料布、钳子、剪刀、双面胶等工具，设计并制作一个温室大棚的模型

活动准备

1. 准备物品：手机（带GPS功能）、温度计、湿度计、尺子、铁丝、塑料布、钳子、剪刀、双面胶、签字笔、相机、饮用水等。

2. 知识准备：建议先学习测量知识，以及如何使用手机GPS定位、如何读懂平面图等。

3. 安全事项：进入温室大棚，不要破坏里面的设备，尽量不触碰大棚中的植物，注意防暑、防蚊。制作温室大棚模型时，注意安全使用剪刀。

实践活动设计

行前学习任务

提前了解关于温室大棚的知识。

行中学习任务

考察点1：果林所正门

进入果林所后，在导览图附近停留，拍摄导览图，读图并填写信息，以便全面了解园内整体布局。

图 2　果林所采摘园正门

1. 身在何处

四季青果林所在地球上的位置：位于______E，______N（经纬度）。

在北京市的位置：位于北京市，______区，______镇，______路和______路交汇处。打开手机GPS软件，判断自己的经纬度位置。

考察点2：温室大棚

2. 初识温室大棚

在这里，你都见到了哪些形态的温室大棚？请任选一种，绘制出体现其形态特点的简图。

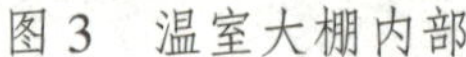

图3　温室大棚内部

图4　温室大棚外部

请选择一种你感兴趣的温室大棚，把它的简图手绘在这里

3. 利用尺子测量温室大棚的高度、长度和宽度，把数据记录下来：

高度：＿＿＿＿＿＿米　　长度：＿＿＿＿＿＿米　　宽度：＿＿＿＿＿＿米

4. 观察大棚内种植的植物是什么，思考为什么种植在这里。

种植的植物是＿＿＿＿＿＿＿＿＿＿＿＿＿＿＿＿。

种植的原因主要是＿＿＿＿＿＿＿＿＿＿＿＿＿＿＿＿。

图5　学生记录数据1

图6　学生记录数据2

5. 利用温度计和湿度计，分别测量温室大棚内部和外部的温度、湿度。

经过测量，温室大棚的室内温度为________摄氏度，湿度为________。

温室大棚的室外温度为________摄氏度，湿度为________。

经过对比，发现温室大棚有________________的作用。

行后学习任务

找一处安静的环境，最好是室内，利用尺子、铁丝、塑料布、钳子、剪刀、双面胶等工具设计并制作一个温室大棚的模型。

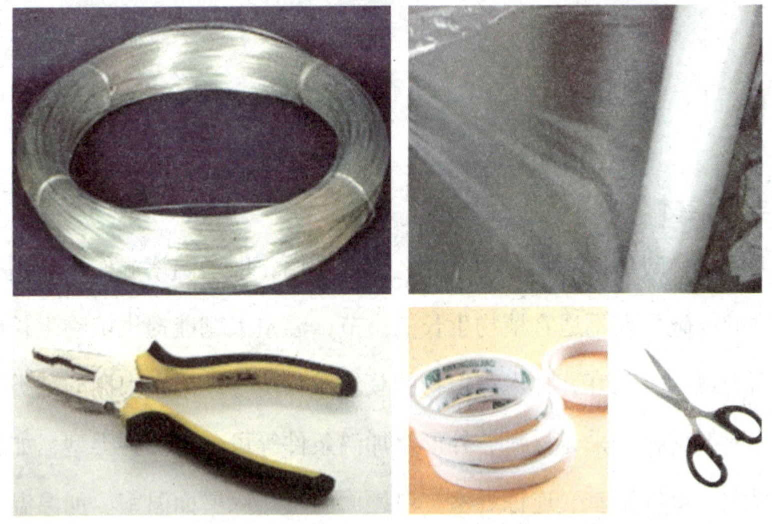

图 7　制作工具

图 8　制作温室大棚模型过程 (1)

图 9　制作温室大棚模型过程 (2)

通过观察、测量和制作温室大棚的模型，学生们发现，温室大棚将透光覆盖

图 10 室外观察记录合影

材料作为全部或部分围护结构，具有一定的环境调控能力，用于抵御不良天气条件，保证作物能正常生长发育。

学习素材

行前学习素材

温室大棚又称暖房，有很好的透光、保温作用，即增温增湿作用，是一种用来栽培植物的设施。在不适宜植物生长的季节，温室大棚能提供植物生长所需的条件，多用于蔬菜、花卉、林木等植物的栽培或育苗等。温室大棚的种类很多，依据不同的屋架材料、采光材料、外形及加温条件等可分为多种类型，如玻璃温室、塑料温室、单栋温室、连栋温室、单屋面温室、双屋面温室、加温温室、不加温温室等。

行中学习素材

1. 四季青果林所在地球上的位置：位于 116°14′31″E，39°57′41″N（经纬度）。

在北京市的位置：位于北京市，海淀区，四季青镇，闵庄路和巨山路交汇处。

2. 学生手绘，体现出特点即可。

3. 高度：3 米；长度：20 米；宽度：5 米。

4. 种植的植物是 草莓 。

种植的原因主要是 草莓成熟期需要的温度是20℃～25℃，湿度大概是60％，北京的春季无法提供这样的生长环境，因此种植在温室大棚。

5. 经过测量，此温室大棚的室内温度为 21 摄氏度，湿度为 59％ 。

温室大棚的室外温度为 8 摄氏度，湿度为 12％ 。

经过对比发现温室大棚有 增温增湿 的作用。

行后学习素材

图 11　学生制作的温室大棚模型成品

参考文献

[1] 韩建明. 温室大棚建造与使用 100 问 [M]. 北京：中国农业出版社，2009.

[2] 邹志荣. 温室大棚建造与管理新技术 [M]. 西安：西北农林科技大学出版社，2005.

[3] 任福山，纪宏清，郭学丽. 温室大棚蔬菜栽培与管理 [M]. 北京：中国农业科学技术出版社，2014.

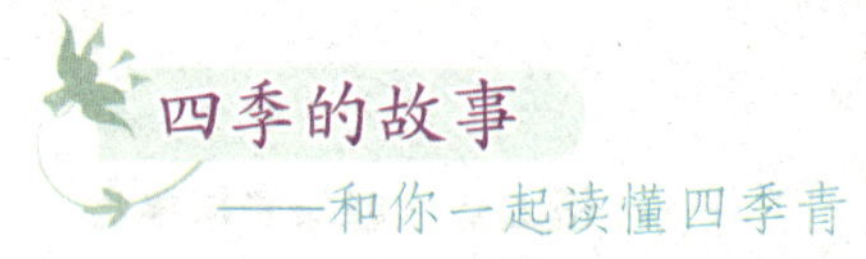

课程故事

四季青镇是海淀区西部的一个乡镇，原本是以种植蔬菜和水果为主的地区。随着城市现代化进程的推进，这里的农业发展有了新的方向，每年它都会迎接来自四面八方的朋友进行草莓采摘、樱桃采摘等农事体验活动，这让生活、学习在四季青镇的学生们对农业产生了一定的兴趣，尤其是可以种出四季蔬菜的温室大棚。四季青镇的温室大棚使用较早，最早可以追溯到什么年代？温室大棚的作用是什么？怎样掌握搭建温室大棚的基本方法？这些问题久久萦绕在学生们的头脑当中。

实地考察帮助学生们找到了上述问题的答案，这就是"'四季青'的名字因何而来？"实践活动产生的原因。我在带领学生们进行研究的过程中，以"'四季青'名字的由来"作为话题的开端，用李墨林老先生的创业故事讲述四季青的历史，又用四季青果林所实地考察活动把学生从历史带回到现实中的四季青。在查阅资料追溯历史、实地考察研究果林所温室大棚的作用、动笔绘制温室大棚简图、亲手制作温室大棚模型等一系列活动过程中，学生们不断地体验和感悟，对家乡的认识也变得更加深入而全面。

四季青曾经是北京的“菜篮子”吗？

——四季青镇的观光采摘园和绿道的综合考察

陈丽凤

活动路线图

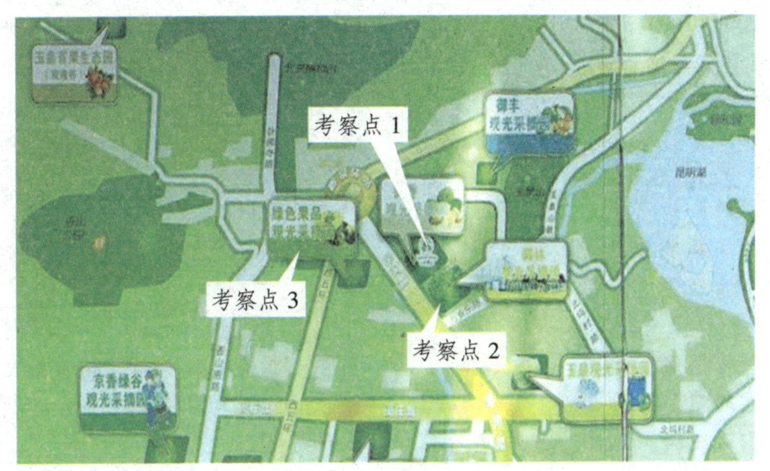

图 1　主要考察点

活动特色

二十世纪五六十年代，四季青镇的蔬菜四季常青，持续不断地往京城百姓的菜篮子里输送着新鲜的食材，是北京市最重要的蔬菜供应基地。在巅峰时期，京城里的蔬菜有七分之一都来自四季青。

现如今，这里全镇绿化覆盖率超过70%，春季百花齐放，夏季绿树成荫，秋季五彩缤纷，冬季郁郁葱葱，三季有花，四季常青，是人们亲近自然、走近农业的好去处。同时，这里也是北京市的一道绿色屏障，每年能为城市核心城区供氧

30余万吨，滞尘420万吨。

现在，就让我们一起走进四季青，放松心情，拥抱自然，享受自给自足的快乐吧！

活动目标

总目标	活动点	分点活动目标
1. 通过参观李墨林纪念馆了解四季青的历史 2. 在四季青的绿道徒步，感受如今四季青自然环境的美好，进而增强学生保护环境的意识 3. 通过观察温室，探究温室培养蔬菜的优势，感受前人的智慧，培养科学探究的意识 4. 自己种植蔬菜，享受自给自足的快乐。理解农民种植的不易，培养爱惜粮食的良好品质 5. 探究现代化城市建设中农业发展的新方向	1. 御林观光采摘园	1. 能够在地图上找出四季青镇的范围 2. 通过查阅资料了解四季青镇的气候特点 3. 寻找李墨林纪念馆，了解“四季青”名字的由来
	2. 北京绿道（海淀段）	1. 查阅资料，了解北京“三山五园”绿道的路线 2. 在绿道中徒步，通过手机APP软件辨识、了解几种常见的绿道植物
	3. 绿色果品观光采摘园	1. 观察温室，探究温室培养蔬菜的优势 2. 依据温室培育蔬菜条件，分析蔬菜生长的原理 3. 体验蔬菜种植，享受自给自足的快乐。 4. 思维风暴，思考现代化城市中农业的发展方向

活动准备

1. 准备物品：双肩背包、任务单、手机（下载导航软件、形色APP）、饮用水、驱蚊环。穿运动鞋、舒适的衣服，注意防晒。

2. 爱护环境和文物，不乱扔垃圾，文明考察。

3. 活动中注意观察记录数据。

实践活动设计

行前学习任务

1. 在地图上找出四季青镇的范围。

2. 查阅资料，了解四季青镇的气候特点。

3. 查阅资料，了解北京海淀区“三山五园”绿道的起止点和长度。

行中学习任务

考察点1：御林观光采摘园（李墨林纪念馆仅剩展列物品存放处）

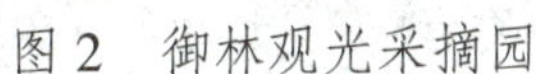

图 2　御林观光采摘园

图 3　李墨林纪念馆（展列物品存放处）[1]

1. 参观御林观光采摘园，寻找李墨林纪念馆，了解“四季青”名字的由来。

2. 在二十世纪五六十年代，以李墨林为代表的四季青人民能够保证这里的四季蔬菜常青，这与什么技术有关？

考察点2：北京绿道（海淀段）

现在，四季青全镇绿化覆盖率超过70%，是北京市的一道绿色屏障，每年能

1　由于修建地铁，李墨林纪念馆已不存在，该处仅存放展列物品。——作者注

为城市核心城区供氧30余万吨，滞尘420万吨，“三山五园”绿道也从这里经过。

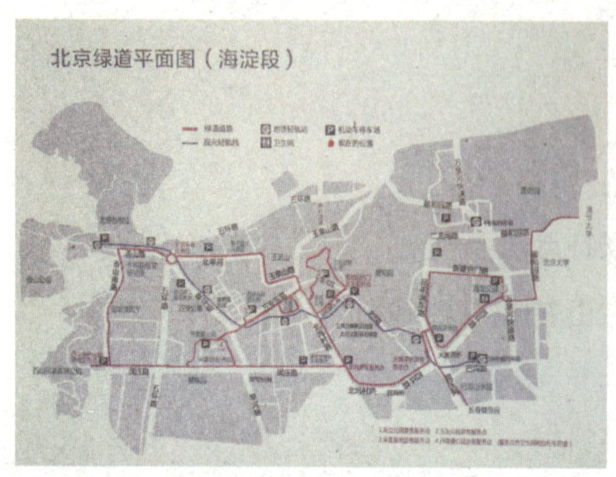

图4　北京绿道平面图（海淀段）

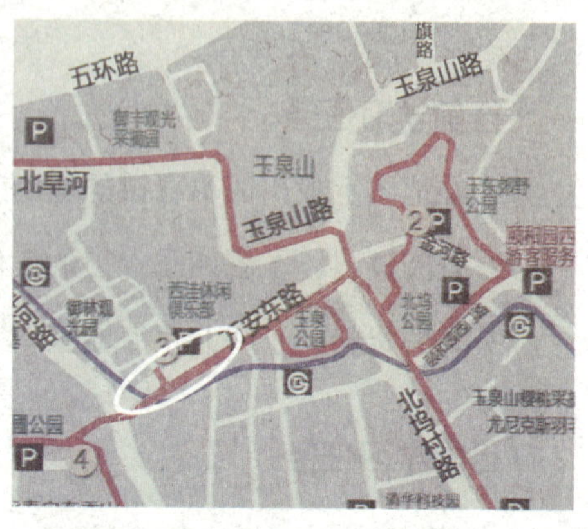

图5　徒步绿道路段（圆圈标记）

图6　北京绿道植物（1）

图7　北京绿道植物（2）

3. 在绿道中徒步，通过手机软件辨识和了解几种常见的绿道植物。

考察点3：绿色果品观光采摘园

随着经济的发展，四季青镇开始走向城市化，农业也开始走向新的发展道路。如今，这里是人们亲近自然、走近农业的好去处，在这里我们可以感受到前人的智慧，享受自给自足的快乐。

图8　绿色果品观光采摘园正门

图9　开心农场

图 10　温室

4. 观察温室，探究温室培养果蔬的优势。

5. 依据温室培育蔬菜的条件，分析果蔬生长的原理：果蔬生长必然会有有机物合成，有机物合成实际是植物利用光能将二氧化碳和水转化成储存能量的有机物，并且释放氧气。你可以试着写写这个过程的反应式吗？

6. 体验果蔬种植，享受自给自足的快乐。完成以下果蔬种植时可能会遇到的问题：

（1）从形状、大小、颜色、种皮薄厚、发芽时间五个方面比较两种不同蔬菜的种子。

（2）什么叫扦插？扦插时有什么注意事项？

（3）如何进行蔬菜无公害杀虫？（至少举一例）

行后学习任务

参观完四季青农场，你有哪些收获呢？试试看以思维风暴的形式，思考四季青观光农场作为现代化城市中的农业，还可以有哪些发展方向，并做SWOT分析。

优势S：	劣势W：
机遇O：	挑战T：

学习素材

行前学习素材

1. 四季青镇面积为 76 平方千米，东至 白颐路 ，东北与 海淀乡 相连，西至 香山 ，南至 阜石路 ，北与 玉泉山、颐和园 接壤。

2. 温带季风性气候。

3. 海淀“三山五园”绿道设计长度为36.09千米，东起清华大学西门，经北京大学西门至海淀公园，然后从海淀公园东门外，沿四环辅路绿地向西南，过火器营桥至四海桥向西北，沿北坞村路绿地至万安东路交叉路口，向西南沿万安东路绿地至香山采集基地，进入基地向西南至玉泉山路绿地，向西至香泉环岛、香山路，向南沿香山南路至闵庄路。

行中学习素材

1. 答案略。（参考活动特色简介）

2. 关键词：温室技术。

3. 第一张图中的植物是珍珠梅。在第二张图中可以看见油松、紫叶李、银杏等。

4. 温室可以人为控制适宜植物生长的温度、光照、空气、水分。

5. 二氧化碳 + 水 $\xrightarrow[\text{场所（叶绿体）}]{\text{条件（光照）}}$ 有机物 + 氧气。

6. （1）答案略。

（2）扦插也称插条，是一种培育植物的常用繁殖方法。可以剪取植物的茎、叶、根、芽等（在园艺上称插穗），或插入土中、沙中，或浸泡在水中，等到生根后就可栽种，使之成为独立的新植株。扦插时注意减少植物水分蒸发，如茎插，扦插前要去掉全部或大部分叶片。

（3）常见三种无公害杀虫方法：草木灰杀虫法、烟草灭虫法、蓖麻叶杀虫法。

课程故事

“你知道四季青曾被称为北京的菜篮子吗？”看到这个课题时，我的心情很复杂：对于“菜篮子”，我很感兴趣，但是，作为一个非本土的年轻人，我并不了解四季青的历史，这让我有些担忧。

我把自己的担忧与冯艳老师进行了沟通，冯老师很快回复了我，并发过来一篇参考文章《这里是海淀历史上的网红，北京人菜篮子的半边天》。我仔细品读着，仿佛看到前方打开了一扇门，将我带到另一个年代：二十世纪五六十年代，这里已经开始利用温室种植蔬菜，无论春夏秋冬，蔬菜常青，因此得名“四季青”。这里为京城百姓输送着新鲜的蔬菜，成为北京人最重要的蔬菜供应基地，巅峰时，京城里七分之一的蔬菜都来自四季青。到了1990年代，四季青的蔬菜依然“青”，只是在北京城的地位日渐式微。

如何让大家了解四季青曾经的辉煌，让四季青再次走进大家的视野呢？作为生物教师，我首先想到的是带领学生进行蔬菜的认知和种植。因此，我设计了五个目标：①通过资料了解“四季青”名字的由来。②了解常见的蔬菜类型。③探究植物生长需要的外界条件。④了解种植的智慧。⑤学会亲手种植蔬菜。期望完成目标的同时，使保护环境、珍惜劳动成果的意识内化于大家心中。

下一步是进行具体的课程设计。这时恰好临近期末，教学压力相对减轻。我以一个旁观者的角度再次审视之前的课程，发现存在不少的问题。首先，这不是一个完整的故事，无法吸引读者深入了解。其次，之前设计的某些目标实施起来难度较大，且不便于实时评价。比如，了解常见的蔬菜类型，以及探究植物生长需要的外界条件。

怎样才能向读者呈现一个有血有肉、有情感的四季青呢？带着“放大镜”，我再次一字一句阅读冯老师发给我的那篇文章。这里一定要有一位主人公——李墨林。上网查找资料，我找到了李墨林纪念馆，它就在四季青“一河十园”的一个园子——御林观光采摘园。拨通采摘园联系人的电话后，我遗憾地得知：因为修建地铁，李墨林纪念馆已经不复存在。现场考察时，堆放在仓库的展览物品深深刺痛了我。历史不能就这样被遗忘！铭记历史是为了更好地生活在当下，为未来蓄力。

除了蔬菜四季常青，如今的四季青还有哪些特色呢？我发现它还是北京市的天然氧吧，绿化覆盖率超过70%，绿道公园更是别有一番趣味。那么，何不组织学生徒步绿道，感受如今四季青绿化后的美好呢？同时，还可以走进“一河十园”，观察温室大棚，感受前人的智慧，实践蔬菜种植，享受自给自足的快乐。

随着对四季青的进一步了解，我发现自己已经爱上了这片土地！也希望能有更多的人了解到它的美，并从它的美中探究现代化城市中农业发展的新方向，为国家的繁荣昌盛贡献自己的一份力量！

四季青樱桃的魅力何在?

——御林观光采摘园樱桃种植的综合考察

宋　溪　杨　红

活动路线图

图 1　主要考察点

活动特色

四季青镇的农业无论是自然状况还是人文基础，都有着得天独厚的发展条件。仅樱桃种植这一项，就早已小有名气。这里，果园数量多，樱桃种植面积大，栽种的樱桃品种丰富、品质上乘。那么，樱桃园是如何进行选种培育的？怎样才能科学地近距离观察樱桃树？都说“樱桃好吃树难栽”，其中有什么奥秘？你想不想像专业研究人员那样，学会品尝樱桃？本次实践将带你一一解答这些问题。

活动目标

总目标	活动地点	分点活动目标
1. 通过观察樱桃树的高度和树冠形态，了解果树的高度和形态对果树生长的影响 2. 借助手机确定经纬度，借助天平、尺子等工具测量樱桃的重量、大小，培养科学严谨的研究态度	1. 御林观光采摘园南门	1. 通过手机中的GPS查询御林观光采摘园位置，学会区分相对位置和绝对位置 2. 能够估算樱桃园面积占比，能够利用坐标表示樱桃树的位置
	2. 御林园樱桃林	1. 通过观察樱桃树的高度和树冠形态，了解果树的高度和形态对果树生长的影响 2. 使用天平、尺子等工具测量樱桃的重量、大小，培养科学严谨的研究态度

活动准备

1. 准备物品：手机（带GPS功能）、尺子、小天平（或电子秤）、签字笔、纸袋子（三个）、相机、饮用水等。

2. 活动中注意观察，认真记录。

3. 安全事项：品尝樱桃前先用水清洗，不要随意采摘或破坏果树，注意防暑、防蚊。

活动设计

行前学习任务

查找关于樱桃的介绍，如它的产地、价值等，以及生活中如何挑选樱桃等知识。

行中学习任务

考察点1：御林观光采摘园南门

进入御林观光采摘园南门后，在导览图附近停留，拍摄导览图，读图并填写以下信息，以便全面了解御林园。

图2　学生填写任务单

1. 我在哪

御林园在地球上的位置：位于__________________（经纬度）。打开手机GPS，判断自己的经纬度位置。

御林园在北京市的位置，位于北京市，___________区，___________镇，___________路和___________路交汇处。

2. 御林园总览

御林园的果树共约________种，分别是________、________、________等，其中，种植面积最大的是________。

请估算樱桃的种植面积占整个园的面积的比例是________。说出你的估算方法：____。

考察点2：御林园樱桃林

根据导览图，进入御林园樱桃林，分别找到三个樱桃品种，每个品种采摘10个樱桃，并分别放到三个纸袋中，在纸袋上标注采摘果树的位置。

3. 观察樱桃树树冠

任意选择某一品种的一株樱桃树，测量它的高度，观察树冠的形态，用自己的语言描述树的高度和形态。

果树的高度和形态对果树的生长会有哪些影响？为什么？

图 3　观察樱桃树

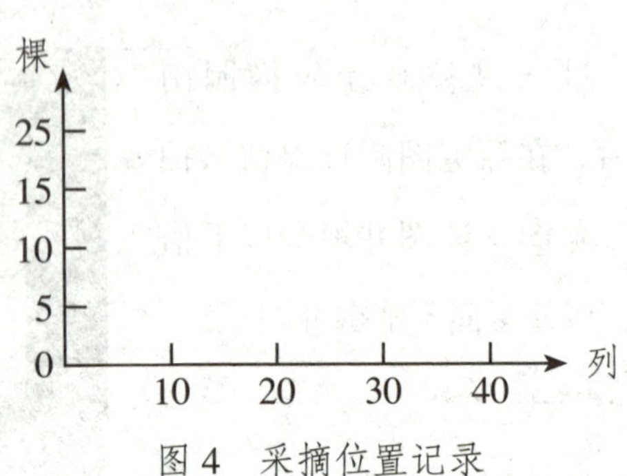

图 4　采摘位置记录

4. 采摘樱桃并标注采摘位置

观察樱桃林树木的种植，发现樱桃林的樱桃树都是横竖整齐排列的，在坐标图（图4）中标注你选择的三棵樱桃树的位置。

每个纸袋中装入同一棵树的10个樱桃，并在袋子外面标记果树的位置信息，例如：纸袋1，樱桃摘自第3列、第12棵。

5. 樱桃品质鉴定

分别测量每个纸袋中樱桃的重量、大小、颜色，并品尝味道，完成记录表 1。

建议：1. 果实的测量见图5～7。2. 每次品尝完一个果实后，用清水漱口，然后再品尝下一个果实，以保证描述的准确性。

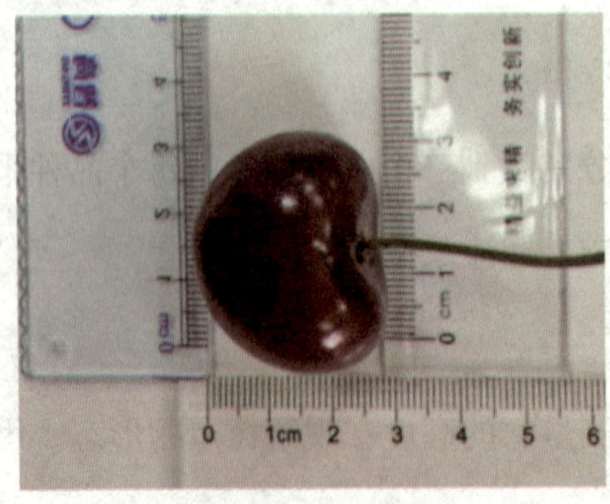

图 5　测量樱桃的大小（1）

图 6　测量樱桃的大小（2）

图 7　测量樱桃的重量

表 1　樱桃品质鉴别记录表

果实编号	重量（克）	宽（厘米）	高（厘米）	颜色	味道
1					
2					
3					
4					
5					
6					
7					
8					
9					
10					
平均值或总体印象					

6. 品质比较分析

通过比较以上数据，你有哪些收获？请简要回答。

行后学习任务

在课余学习时间为家人或朋友讲解鉴别樱桃的知识。

学习素材

行前学习素材

经过查找资料发现，樱桃属于蔷薇科李属，产于我国的山东、河北、河南、甘肃、湖北等地。

樱桃自古就被叫作“美容果”，中医典籍里称它能“滋润皮肤”“令人好颜色，美态”，常吃能够让皮肤更加光滑润泽。这主要是因为樱桃中含铁量极其丰富，每百克樱桃果肉中铁的含量是同等重量的草莓的6倍、枣的10倍、山楂的13倍、苹果的20倍，居各种水果之首。

如何挑选樱桃：

看樱桃的颜色。樱桃外观颜色如果是深红或者偏暗红色的，通常就比较甜。暗红色的最甜，鲜红色的略微有点酸。

看樱桃的大小形状。市面上的樱桃有大有小，这应该是品种问题。但在同一品种的前提下，个人认为大樱桃的味道更好点。另外，整个樱桃呈扁圆的“D”字母形状，果梗位置凹得越厉害，樱桃会越甜。

看樱桃的硬度。用手轻轻捏一下樱桃，如果是有弹性的、很厚实的，说明这种樱桃很甜、水分也比较充足。反之，如果樱桃很软，说明太熟了。

看樱桃的表皮。挑选樱桃的时候，最好选外表皮稍稍硬的，因为这样的樱桃果蝇钻不进去，不会留下虫卵。另外表皮发亮的樱桃最健康、新鲜、好吃。

看樱桃有无褶皱。吃樱桃最重要的是新鲜，如果樱桃果皮表面有褶皱，表示果实已缺失水分，有可能已变质。这样的樱桃不要挑选哦！

看樱桃底部果梗。挑樱桃要看其底部的果梗，如果有发黑的现象，则表明已不新鲜了，应该挑选绿色的。

行中学习素材

1. 北纬39°57′41″，东经116°14′31″；海淀区；四季青镇；万安东路和旱河路交汇处。

2. 约43种，樱桃、梨、杏等，其中，种植面积最大的是樱桃。樱桃的种植面积占整个园区面积的比例约为50%。

3. 樱桃树的高度一般在3米左右，树冠呈扇形。樱桃树经过人工修剪，一般主干并不高，侧枝较多，枝杈茂密，呈现出扇形，这样果树不仅能更好地接收阳光，提高结实率，而且便于采摘。

4.

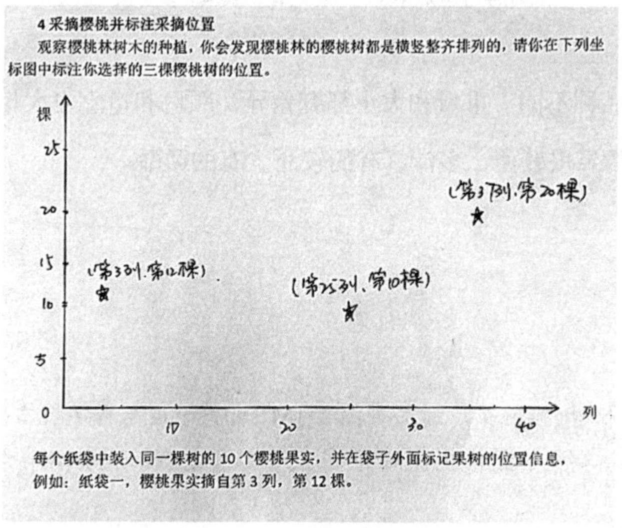

图 4　采摘位置记录

5. 完成的樱桃品质鉴别记录表如下：

纸袋一记录表：

果实编号	果实重量/克	果实大小（宽）/厘米	果实大小（高）/厘米	描述果实颜色	品尝并描述果实味道
1	9.2	2.6	2.5	深红	酸甜
2	8.1	2.4	2.5	粉红	酸甜
3	9.4	2.7	2.5	深红	酸甜
4	8.9	2.5	2.6	深红	酸甜
5	8.7	2.5	2.5	深红带粉	酸甜
6	9.1	2.6	2.6	深红	酸甜
7	8.5	2.5	2.4	深红	酸甜
8	8.0	2.4	2.5	深红	酸甜
9	9.0	2.6	2.5	深红	酸甜
10	9.5	2.7	2.6	深红	酸甜
平均值或总体印象	8.84	2.55	2.52	[illegible]	酸甜

纸袋二记录表

果实编号	果实重量/克	果实大小（宽）/厘米	果实大小（高）/厘米	描述果实颜色	品尝并描述果实味道
1	7.0	2.5	2.2	黄粉色	果肉脆，甜度低
2	6.1	2.3	2.0	黄粉色	甜度低
3	6.5	2.4	2.0	黄粉色	甜度低
4	6.9	2.5	2.1	粉色	甜度低
5	5.9	2.1	2.0	黄色	多汁，微甜
6	6.0	2.2	2.1	黄粉色	甜度低
7	7.0	2.5	2.1	黄粉色	甜度低
8	6.2	2.3	2.2	黄粉色	甜度低
9	6.1	2.3	2.2	黄粉色	多汁，甜
10	7.1	2.5	2.3	粉色	甜度低
平均值或总体印象	6.48	2.37	2.12	[illegible]	果肉脆，多汁，甜度低

纸袋三记录表

果实编号	果实重量/克	果实大小（宽）/厘米	果实大小（高）/厘米	描述果实颜色	品尝并描述果实味道
1	10.5	2.7	2.5	红色	甜度高
2	9.6	2.6	2.4	红色	甜度高
3	9.7	2.6	2.5	亮红色	甜度高
4	10.1	2.7	2.6	红色	甜
5	9.2	2.5	2.4	红色	甜，微酸
6	9.8	2.6	2.4	红色	甜
7	9.8	2.7	2.5	红色	甜度高
8	9.7	2.6	2.4	红色	很甜
9	9.2	2.5	2.4	红色	甜
10	9.3	2.5	2.3	红色	甜
平均值或总体印象	9.69	2.6	2.44	颜色明亮红色	果肉有韧性，甜度高

6. 樱桃因品种不同，重量和大小都有差异，颜色和口感也大相径庭，但是整体上说，樱桃的果皮较薄，多汁，有的较甜，有的微酸。

参考文献

[1] 张毅，孙岩. 樱桃推广新品种图谱 [M]. 山东：山东科学技术出版社，2006.

[2] 韩凤珠，赵岩. 甜樱桃优质高效生产技术（第二版）[M]. 北京：化学工业出版社，2017.

[3] 韩凤珠，赵岩. 图解樱桃整形修剪 [M]. 北京：中国农业出版社，2011.

课程故事

海淀区四季青镇的大樱桃，是四季青镇采摘园诸多精品中的典范。每年5月中旬至6月下旬，这里都会举办大樱桃旅游观光采摘节。这一活动得到了广大市民的欢迎和认可，大量游客前来采摘，游客数量呈逐年增加的趋势。这么受欢迎的樱桃是怎么种出来的呢？如何才能做到品种出众、口味上乘呢？有过采摘体验的学生们特别想走进幕后，了解一下樱桃的培育过程，学会辨认樱桃的不同品种，以及如何通过科学的手段提高樱桃的品质。

在调查中，我们发现有过采摘体验的学生比比皆是，但是真正了解樱桃种植、樱桃品种的人却是少之又少。于是我们首都师范大学附属玉泉学校初中部联系了御林观光采摘园的工作人员，希望能够与御林园的相关工作人员一起体验、了解樱桃种植的过程，引导学生们把在课堂中学到的生物与地理知识和生活实际相结合，学以致用。

“樱桃好吃树难栽。”只有带领学生们亲自走进采摘园区，亲眼看一看，亲手测量和记录，亲身体验种植过程，亲口品尝不同品种的樱桃并进行对比评价，对此才能有发言权，学生们才能从这一学习过程中，深入了解四季青镇的樱桃种植。

墨蔬院“开心农场”里种的是有机蔬菜吗？

——有机蔬菜的辨识与种植实践

范颖超

活动路线图

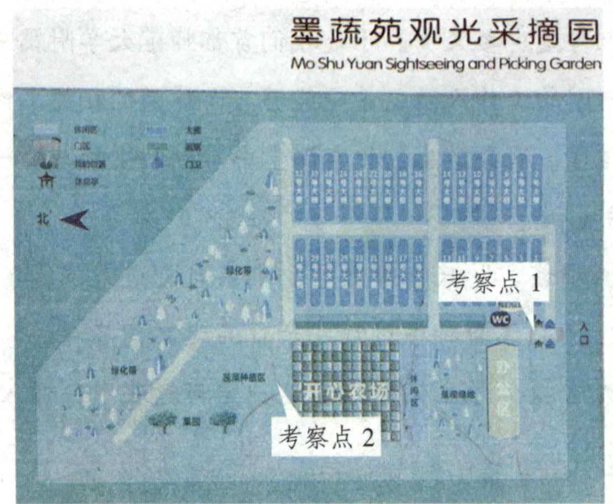

图1　主要考察点

活动特色

随着“有机食品”概念的提出，有机蔬菜也逐渐进入了人们的视野。四季青乡旱河路西侧有一个非常大的银杏林院子，取名“墨蔬院”。院里规划了许多块“开心农场”供人们租种，30～60平方米一块，管理者会根据农时发放种子、底肥（农家肥），并提供浇地用水。院内有温室大棚，所种蔬菜会在自己的商店里售卖，生意非常兴隆。人们可以在这里亲自种菜、捉虫、拔草，体验劳动的快乐和丰收的喜悦。在本次考察活动中，我们将学习有机蔬菜的有关知识，体验“学农”的乐趣！

活动目标

总目标	活动地点	分点活动目标
1. 了解有机蔬菜的相关知识和种植方法 2. 进行有机蔬菜的种植实践，观察有机蔬菜的成长过程 3. 体会农业可持续发展的艰辛和必要性，以及环境保护的重要性	1. 墨蔬院正门	了解有机蔬菜的种植过程，以及如何做到蔬菜的“无污染、无公害”
	2. 蔬菜园	通过参与农场的种植活动，了解有机蔬菜在种植时的要求，感受有机蔬菜的来之不易

活动准备

1. 人员分组：活动中注意观察记录，跟随指导教师完成相关内容。

2. 准备物品：学生自备记录用笔，可自行准备相机或手机进行拍照。另外带好防晒用品，准备足够的饮用水，穿运动衣和运动鞋。

3. 安全事项：不随意采摘蔬菜，不踩踏蔬菜地，在菜地内不可追跑，不可用农具打闹。

实践活动设计

行前学习任务

请在网上自主查阅资料解决下列问题。

1. 什么是有机蔬菜？

2. 与普通蔬菜相比，有机蔬菜有什么优势？

行中学习任务

考察点1：墨蔬院正门

图2　墨蔬院正门

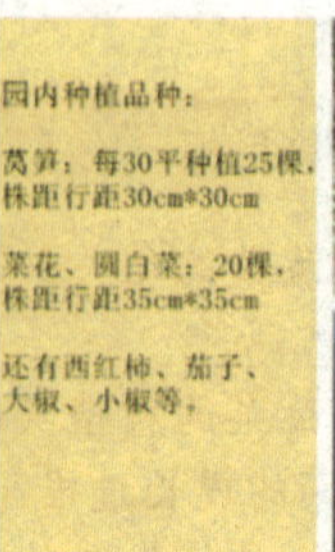

图3　园内种植的蔬菜

1. 试吃一下有机蔬菜，感受和平时吃的普通蔬菜有何不同呢？

2. 在有机蔬菜园观察，并向工作人员咨询，了解有机蔬菜的生长情况。

（1）有机蔬菜的市场前景如何？你家吃的都是有机蔬菜吗？

（2）有机蔬菜和无公害蔬菜有什么相同和不同之处？

考察点2：蔬菜种植区

图4　蔬菜园种植地

3. 邀请生态园的农技师讲解有机蔬菜的种植和采收时间，了解农时的概念。

蔬菜	种植时间	采收时间
空心菜	4～7月	适时采收
苦瓜	3～4月	6～10月
辣椒	春播：3～5月 秋播：7～8月	6～10月，10月以后
芦荟	3～4月	适时采收
毛豆	4～5月	8～9月
木耳菜	4～9月	适时采收
茄子	7～8月，12月	10～12月，3～6月
芹菜	6～8月	11月～4月
生菜	春播：2～4月 秋播：7～8月	1～3月，8～12月
丝瓜	3～4月	6～10月
茼蒿	3～4月，8～9月，11～12月	适时采收

（1）有机蔬菜的肥料怎么配比？

（2）主要有哪些病虫草害呢？如何预防和控制？

4. 学生和菜农一起种植、管理蔬菜，了解植物的生长条件、种植工具和种植步骤。

（1）植物生长的条件：（　　）、（　　）、（　　）、（　　）。

（2）种植工具：____。

行后学习任务

1. 如果去超市，我们如何鉴别选购有机蔬菜与无公害蔬菜呢？

2. 如果你是这个有机农场的主人，你会如何做从而让农场更好地发展呢？

学习素材

行前学习素材

1. 有机蔬菜，是指在蔬菜生产过程中严格按照有机生产规程，禁止使用任何化学合成的农药、化肥、生长调节剂等化学物质，不使用转基因工程技术，遵循自然规律和生态学原理，采取一系列可持续发展的农业技术，协调种植平衡，维持农业生态系统持续稳定，且经过有机食品认证机构鉴定认证，并颁发有机食品证书的蔬菜产品。

2. 有机蔬菜无化学残留，口感佳，已被证明比普通蔬菜更具营养。

行中学习素材

1. 答案略。

2.（1）有机食品被誉为"朝阳产业"，具有广阔的市场。人们对安全食品的需求日益强烈，国内市场前景非常乐观。但是值得注意的是有机蔬菜价格平均比普通蔬菜高出4～5倍，还不能普遍地走上大众餐桌。

（2）相同点：两者的生产基地（即环境）都没有遭到破坏，水（灌溉水）、土（土壤）、气（空气）没有受到污染。两者的产后（包括采收后的洗涤、整理、包装、加工、运输、贮藏、销售等环节）没有受到二次污染。

不同点：有机蔬菜在生产过程中不使用化肥、农药、生长调节剂等化学物质，不使用基因工程技术，而用防虫网或生物农药及其他非化学手段防治病虫害。同时还必须经过独立的有机食品认证机构全过程的质量控制和审查，允许使用有机肥料，主要用作基肥。无公害蔬菜是不用或少用化肥和化学农药，其产品的化肥和化学农药残留量经测定在国家规定的范围内的称绿色无公害蔬菜。

3.（1）施肥量：使用动物和植物肥的比例应掌握在1∶1为好。一般每亩施有机肥3000～4000公斤，追施有机专用肥100公斤。

施足底肥：将施肥总量的80%用作底肥，结合耕地将肥料均匀地混入耕作层内，以利于根系吸收。

巧施追肥：对于种植密度大、根系浅的蔬菜可采用铺肥、追肥方式，当蔬菜长至3～4片叶时，将经过晾干制细的肥料均匀撒到菜地内，并及时浇水。对于种植行距较大、根系较集中的蔬菜，可开沟条施追肥，开沟时不要伤断根系，用土盖好后及时浇水。对于种植株行距较大的蔬菜，可采用开穴追肥方式。

（2）真菌性病害主要有白粉病、锈病等，细菌性病害主要有软腐病等，以及一些病毒性病害等。虫害主要是一些食叶虫，如菜粉蝶、夜蛾，钻蛀类，如菜螟、豆荚螟。有机蔬菜的病虫草害防治遵循“以防为主”的原则，可以采取生物、物理防治，使用矿物质和植物药剂进行防治，等等。

4.（1）充足的水分、适宜的温度、足够的氧气、合适的土壤。

（2）一般的工具有大锄头、小锄头、四齿耙头（挖土）、两齿耙头（松土）、箩筐、扁担、水桶、喷雾器（喷药），最好再准备一个大陶缸（沤制肥料），当然还可以准备一个筛子。

课程故事

大家可能听说过无公害食品、绿色食品和有机食品，但它们都是一样的吗？无公害食品，指的是无污染、无毒害、安全优质的食品，在国外称无污染食品、生态食品、自然食品。绿色食品，是指产自优良生态环境、按照绿色食品标准生产、实行全程质量控制并获得绿色食品标志使用权的安全、优质的农产品及相关产品。有机食品，也叫生态或生物食品等，是国际上对无污染天然食品比较统一的提法，它通常来自有机农业生产体系，根据国际有机农业生产要求和相应的标准生产加工的。

本次活动，我秉持着“学生是科学学习的主人”“以探究为核心”的理念，在设计活动时分设了不同的目标。活动1中，我意在让学生观察有机蔬菜与普通蔬菜在大小、颜色和口感方面的不同，推断出有机蔬菜的特点。活动2中，则是进一步研讨如何种植有机蔬菜。学生可能在家人的帮助下有种植其他植物的经历，但是真正要独自经历种植有机蔬菜的过程，可能会遇到很多问题，比如：花盆下的孔漏土、种子种多深合适、用什么工具等一系列问题。因此，我们让学生分组讨论，自己想办法解决。讨论出来的方法可能可行，也可能不可行，这个不重要，重要的是他们在研讨的过程中逐渐有了自己的想法和认识。研讨交流后，再让学生阅读相关资料，完善他们的认知，反思他们的方法。

总之，品尝有机蔬菜，享受健康生活。我希望学生在动手实践中体会种植有机蔬菜的乐趣，感受更天然、更环保、更健康、更安全的生活方式。

第三篇
四季徒步赏行

如何考察身边的南旱河?

——游走南旱河的地理和生物学野外考察

宋 溪 杨 红

活动路线图

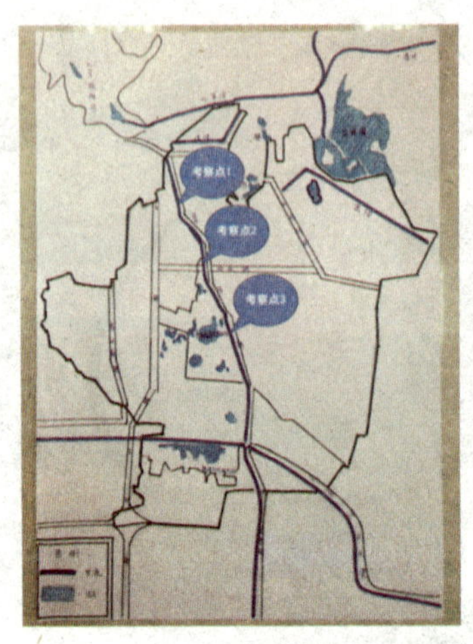

图 1 主要考察点[1]

活动特色

四季青镇作为海淀传统的农业区，水资源相对比较丰富。农业发展离不开水资源的支撑，作为本地区的一名学子，有必要结合自己家乡的水资源状况，联系相关地理、生物等学科知识，研究家乡四季青地区南旱河的现有状况和历史变迁，揭示南旱河生态环境中存在的问题，客观地审视问题出现的原因，关注解决方案，把所学的科学知识与现实生活相结合，提高生态环境保护意识。

1 该图由首都师范大学附属玉泉学校八（2）班的刘蕴婷绘制。——作者注南旱河是四季青地区的一条重要河流，位于首都师范大学附属玉泉学校西侧。过去，蜿蜒曲折的河道沿公路自北向南流淌，近年来，由于北京市整体水位下降，南旱河水量不足，断流及干涸现象明显。由此，辨认河流流向就十分不易，也很难测量南旱河的水位状况。南旱河的河堤和水体曾经一度遭受污染和破坏，在四季青镇政府的大力治理下，已经有了明显的好转，但仍然存在环境问题。因此，针对南旱河做一次科学性的实地考察研究是十分必要的。目前南旱河的水质如何？源头、流经地区、汇入口、水量、水位等状况如何？南旱河中水生藻类情况及沿岸植被如何分布等问题都值得我们探究。今天，就让我们一起走近南旱河，开展一番实地考察吧！

活动目标

总目标	活动地点	分地点活动目标
1.通过沿河调查，观察、测量、记录南旱河的基本状况，总结南旱河河流的概况 2.针对南旱河海拔高度、经纬度位置、温湿度状况、水质酸碱度等状况进行实地测量和调查 3.通过采集南旱河水样及调查河道周围植被状况，了解南旱河沿岸植被分布和水生藻类的情况	1. 南旱河沿岸	自北向南，沿南旱河进行调查，观察南旱河河流流向，确定南旱河源头、流经地区、汇入口、水量、水位等状况，了解污染情况、历史变化、主要作用等
	2. 南旱河中游河床	利用手机、温湿度计、PH试纸等测量南旱河沿途的海拔高度、经纬度、温度和湿度，并进行记录，对采样点的河水进行PH值检测，对采样点河流沿岸的土壤进行采集，对注入河流的多个排水口进行记录，并做经纬度标记
	3. 永泰自在香山公园东桥	在南旱河永泰自在香山东桥选择采样点，利用自制水样采集器采集水样，便于后期在实验室观察。调查河床上植物分布的数量、高度、种类等状况，手绘植物生长图，通过实地观察掌握河床植物生长的状况

活动准备

1. 请穿舒适的运动鞋和保暖衣物，最好乘坐公共交通工具前往。

2. 准备物品：本子，笔，尺子，绳子（至少4米），剪刀（用于剪植物样本），大塑料袋（用于装植物样本），空矿泉水瓶（提前洗干净，用于装河水水样）。

3. 带适量饮用水，所需用具建议使用双肩背包携带。

实践活动设计

行前学习任务

搜集南旱河相关资料：

南旱河的地理位置：________________________。

南旱河的流向：________________________。

南旱河的全长：________________________。

你还了解到了南旱河的哪些情况？________________________。

行中学习任务

考察点1：南旱河沿岸

图2 去南旱河的路上

1. 南旱河现状调查

（1）观察记录本次实践时途经的河流长度，利用手机等工具记录。

（2）使用手机测量河床海拔高度，由此判断南旱河的河流流向。

（3）寻找南旱河发源地，记录发源地水系状况。

（4）留意支流数量及其形态，评估河网形态和密度。

2. 沿河生态考察

图 3　沿河生态调查

图 4　排污口状况

沿河生态考察的目的在于记录河流状况。因此，在沿河行走的过程中，大体需要搜集以下几方面的信息：

（1）水质状况，包括水的颜色、气味、水质、河面漂浮物等。颜色属于混浊、一般、清澈？气味状况是无味还是有臭味？漂浮物的种类是树叶、昆虫，还是以生活垃圾、塑料制品为主？

（2）目前南旱河的河流功能是________________________________。

（3）描述河流沿岸的生物状况。（包括水生和水边动植物，是人工种植还是自然生长，各种动植物显示了什么样的生态变化，等等）

（4）简述河流周边人居状况，即居民眼中的河流变迁、水质变化、流量大小、河流作用变化等，可自行添加内容。这部分与过去河流的功能有关。

（5）考察沿河人文景观状况。这部分与过去河流的功能有关。

考察点2：南旱河中游河床

图5　南旱河海拔与经纬度

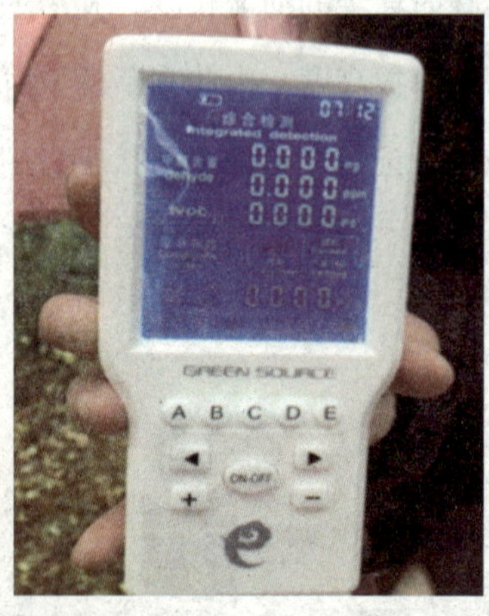

图6　温湿度测量

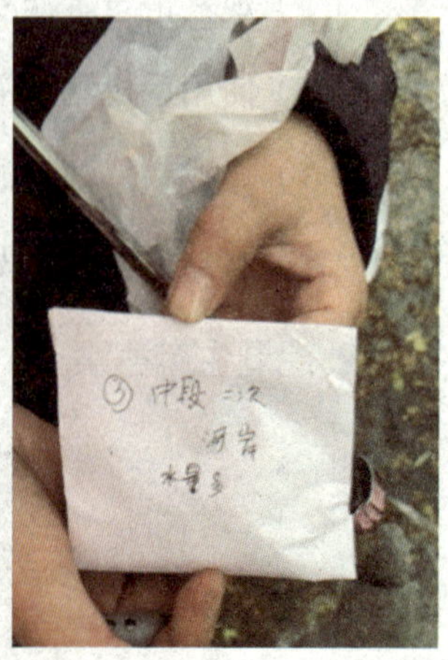

图7　沿河土壤标本收集

3. 进行实地观测

（1）走到南旱河中游河床，寻找一处较开阔的地点，设定多个采样点，利用手机、温湿度计对采样点的海拔高度、经纬度、温度和湿度进行测量并记录。

（2）对采样点的河水用PH试纸进行检测。

（3）对采样点河流沿岸的土壤进行采集。

（4）对注入河流的多个排水口的位置进行记录，并在地图上做经纬度位置的标记。

考察点3：永泰自在香山公园东桥

4. 采集植物样本和水样

（1）植物样方调查

在南旱河的源头和中游分别建立样方，利用五点取样法，每个调查点取5个样方，每个样方面积为$1m^2$，对样方内的所有植物进行采集。

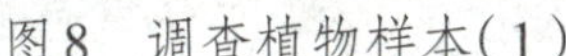
图8　调查植物样本(1)

图9　调查植物样本(2)

表1　南旱河野外考察调查表

取样地点：________________

经度：__________　纬度：__________

海拔：__________　温度：__________

1 小组成员：__________

最高植物高度：__________厘米

植物量：__________棵

2 小组成员：__________

最高植物高度：__________厘米

植物量：__________棵

3 小组成员：__________

最高植物高度：__________厘米

植物量：__________棵

1 小组

2 小组

3 小组

（2）采集水样，利用显微镜进行观察分析

图 10　沿南旱河采集水样

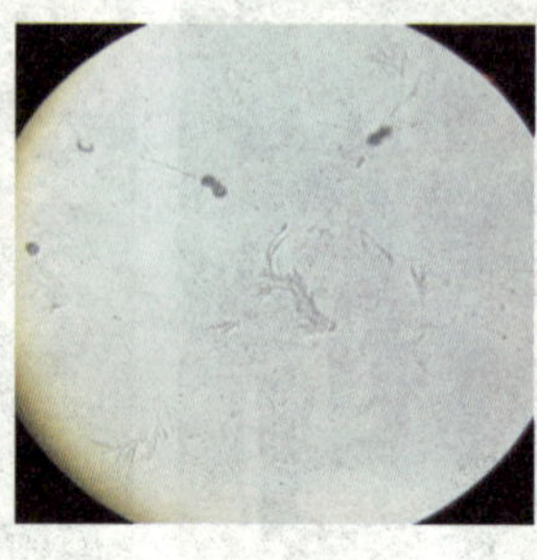
图 11　显微镜下的水样图像

图 12　填写水样观察记录单

在南旱河的中游取水样，用空矿泉水瓶分装作为样本，带回实验室后用显微镜进行分析，预计得出水生藻类的种类和数量，并填写表2。

表 2　样本分析记录表

操作员	
时　间	
地　点	

5. 南旱河水样分析

方法：显微镜观察法

操作步骤：

制作水样临时装片（在干净的载玻片上滴一滴南旱河水样，盖上盖玻片）。

在4倍物镜、10倍目镜下，观察水样，并计算视野中的藻类数量。

选择一种藻类，将其移动到视野中央，换10倍物镜观察，再换40倍物镜观察。画出不同物镜下视野中的藻类。

结果记录：

（1）在4倍物镜下，视野中藻类数量：________。

（2）画出在不同物镜下观察到的图像。

6.植物标本分析

方法：托盘天平称量法

操作步骤：

调平：把游码移到左端零刻度线处，调节横梁两端的平衡螺母，使指针对准分度盘中央刻度线。

称量：被测物体放左盘，用镊子向右盘加减砝码，并调节游码，直到横梁恢复平衡。读数。

整理：用镊子将砝码放回砝码盒。

鲜重：__________________
干重：__________________

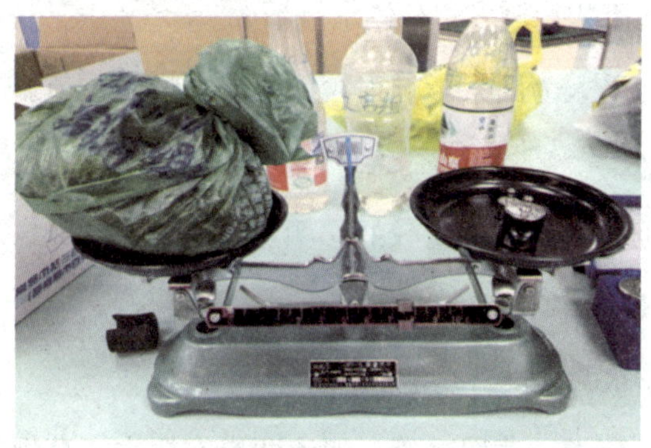

图 13　植物样本称重

行后学习任务

你能否根据此次活动提出保护南旱河生态环境的建议措施？

学习素材

行前学习素材

南旱河的地理位置：北纬39°58′44″，东经116°13′48″。

南旱河的流向：自北向南。

南旱河的全长：约7千米。

南旱河上口宽约30米，流域面积29平方千米。属季节性河流，河道处永定河故道，河床沙性较强，透水性大，利于向城区补充地下水。

行中学习素材

1.（1）大约1～2千米。

（2）自北向南。

（3）发源地支流数量较多，整体水量不大。

（4）河网形态受人为因素影响很大，河流水量受季节影响，夏季水流量较充沛。

2.（1）南旱河整体水质状况较好，颜色清澈，无异味，水中有明显水生植物，河面漂浮物出现频率不高。

（2）河流有输水、防洪等功能。

（3）河里有水藻类、草履虫等，河流两岸有树木、草坪等绿化区域，总体体现出人为规划设计的状况。

（4）经过调查和询问，周边居民反映南旱河水质有了明显改善，流量变小，水位下降。

（5）沿河有民居住宅、绿化景观、街道公园、部分单位管理场所。

3.（1）海拔高度大约58米，经纬度位置为北纬39°58′44″，东经116°13′48″，温度和湿度以当天测量数据为准。

（2）河水PH为中性。

（3）参看图7。

（4）答案略。（因考察实际状况而定）

4.

取样地点

经度：116°13′56″E

纬度：39°58′27″N

海拔：51

温度：23℃

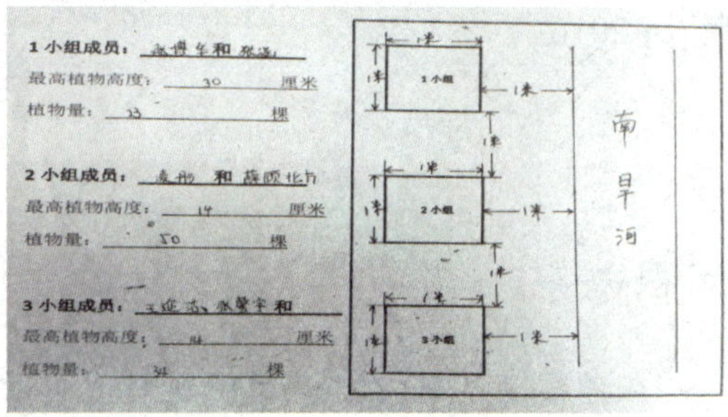
1 小组成员：

最高植物高度：30 厘米

植物量：33 棵

2 小组成员：

最高植物高度：14 厘米

植物量：50 棵

3 小组成员：

最高植物高度：14 厘米

植物量：34 棵

图 14　学生记录调查表

5.结果记录：

在4倍物镜下，视野中藻类数量：8个。（因实际情况而定）

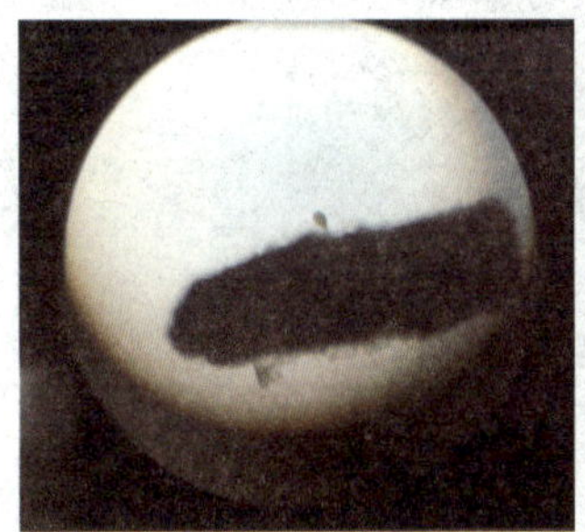

图 15　显微镜下的影像结果（4 倍物镜）

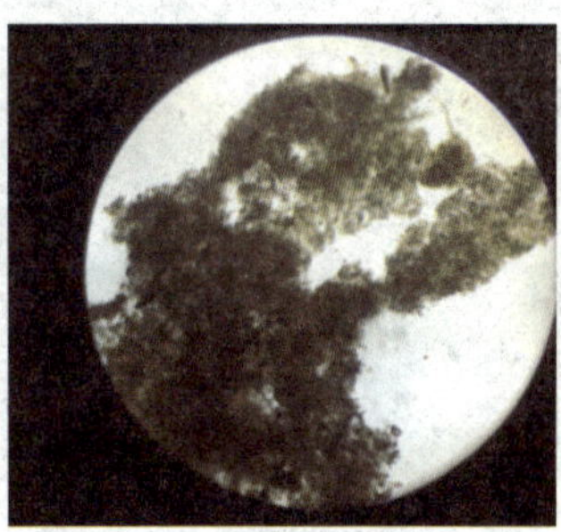

图 16　显微镜下的影像结果（10 倍物镜）

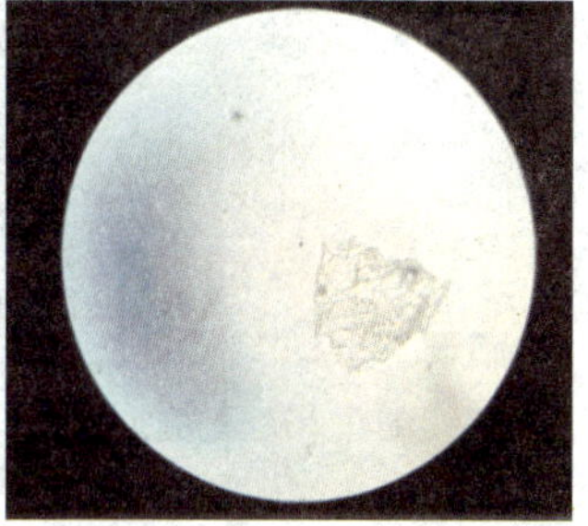

图 17　显微镜下的影像结果（40 倍物镜）

6.

鲜重：67克

干重：10克

行后学习任务

答案略。

参考文献

[1]于川，张玲，刘小玲. 河流的一生[M]. 北京：现代出版社，2012.

[2]何为民. 城市河流防洪生态整治关键技术研究[M]. 北京：中国水利水电出版社，2016.

课程故事

在考察南旱河之前，为了更好地帮助学生了解四季青地区的水资源分布情况，先由学生根据地图绘制了四季青地区的水资源分布图。

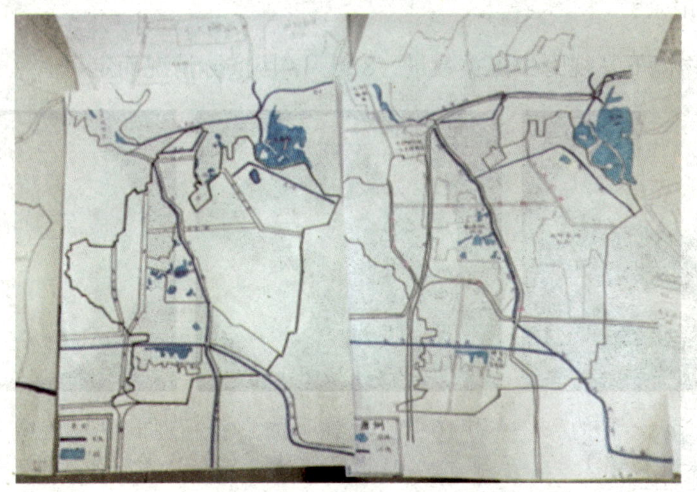

图 18　学生手绘四季青水资源分布图

通过绘制图形，学生们了解了南旱河位于四季青地区，我们组织学生来到四季青镇政府，听兰书记讲解四季青的过去、现在和未来，在这其中寻找南旱河的痕迹。

在学期末最后一次综合实践活动课上，同学们总结了这学期的活动过程和体会，并对下学期的活动进行了畅想。其中，在经历了实地考察南旱河之后，学生们的感触和收获是很大的。尤其是亲身经历了对于一条河流的考察，学生们对探索家乡四季青的自然环境产生了巨大的热情。在此过程中，学生通过观察河流、搜集相关资料，对河流有了新的认识。同时，对河流在一个区域中产生的作用也有了综合的认知。

整个活动围绕着以南旱河为调查对象，通过沿河调查河流的流向、起始位置、流经地、沿河动植物分布、污染情况、历史变化、主要作用等方面，最终给予南旱河系统的介绍。同时，大家还调查南旱河源头、流经地区、汇入口、水量、水位等状况。活动还关注南旱河沿岸植被分布和南旱河水生藻类情况。参与的过程让学生们意识到实地考察是一件多么重要的事情，也让学生们对于家乡四季青的了解更深了一步。

西山森林里可以看到哪些年代的秘密呢?

——北京西山国家森林公园的综合考察

谭景元

活动路线图

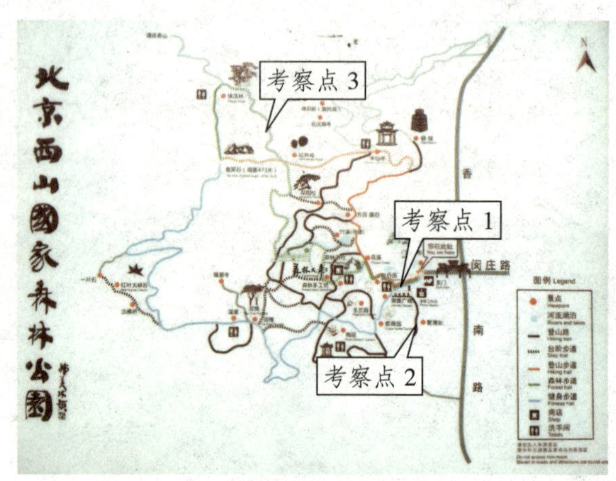

图 1　主要考察点

活动特色

北京西山国家森林公园位于北京西郊小西山，2013年12月，为纪念20世纪50年代为国家统一、人民解放事业而牺牲于台湾的隐秘战线上的无名英雄，无名英雄纪念广场在风景优美的北京西山国家森林公园落成。公园海拔300米至400米，属暖温带大陆性季风气候，林木多为夏绿阔叶林，森林覆盖率高，多年平均气温16.2℃，空气负氧离子最高达每立方厘米4000个。西山在50多年前可不是现在这样美丽的模样！那时的西山荒草遍野、碎石裸露，一片荒凉。西山林场人满怀希望地在这里种下了一棵棵油松小树苗，经过多年艰苦的育林营林工作，小树苗慢慢长大，变成了现在茂密的森林！现在的西山国家森林公园里有油树、桑树、黄栌、构树、栓皮栎、侧柏、元宝枫、白蜡树、紫叶稠李、金叶白蜡、银杏、山杏等很多美丽的植物，也有很多有趣的秘密。下面，就让我们一起来这里探秘吧！

活动目标

总目标	活动地点	分点活动目标
1. 参观无名英雄纪念广场，了解它的历史背景，学会感恩，懂得珍惜当下的幸福生活 2. 观察、认识沿途的植物 3. 观察年轮特征，思考年轮的成因	1.无名英雄纪念广场	了解无名英雄广场的历史背景，缅怀英烈，学会感恩，懂得珍惜现在的美好生活
	2.沿途	1. 观察、认识沿途具有代表性的温带植物，如油树、桑树、黄栌、构树、栓皮栎、侧柏、元宝枫、白蜡树、紫叶稠李、金叶白蜡、银杏、山杏等 2. 能够运用闻、摸、听等方法进行观察，能够描述和记录观察到的现象
	3.西山自然观察径	在西山自然观察径观察，读懂年轮里的光阴故事

活动准备

1. 准备物品：建议穿运动服、运动鞋，学生自备记录用笔，可以自行准备手机、相机，现场拍照或搜集资料，带好饮用水、防晒用品。

2. 人员分组：在活动中注意观察并记录好数据，跟随指导教师或家长完成相关问题。

3. 安全事项：不要随意摘取路边的花朵，沿途有水塘，水深危险，请勿戏水。

实践活动设计

行前学习任务

1. 查阅资料，了解无名英雄纪念广场的历史。

2. 查阅资料，认识温带地区的代表树种。

行中学习任务

考察点1：无名英雄纪念广场

图2　无名英雄纪念广场

1. 了解无名英雄纪念广场的主要历史事件。

图3　革命先烈的雕像

沿着景观墙拾级而上，两边的花岗岩墙壁上刻着当年牺牲的烈士英名，到目前为止，经各方寻找确认的烈士有846个。

2. 为什么无名英雄纪念广场纪念碑上的名字没有刻满1100个，有的地方还是空白的？

图 4　刻有烈士英名的花岗岩墙壁

考察点2：沿途路边

沿途观察马路两边的植物，从无名英雄纪念广场往回走大概50米，右手边有一条小径，小径两侧有很多侧柏，比较侧柏和松树的不同。

3. 我观察植物的方法是什么？

4. 从公园入口来到无名英雄纪念广场，借助植物前的名牌，了解不同种类植物的名称，并说说沿途发现的植物品种有哪些。

5. 沿途观察了这么多植物，它们的共同特点是什么？

6. 观察马路两旁的松树，为什么四季常青的松树叶有的地方会发黄？

7. 观察一下，松树和侧柏有什么不同，将不同之处填写在表1中。

表 1　松与侧柏的不同

	松	侧柏
图片		

（续表）

	松	侧柏
树叶的形状		
果实的形状		
树干的高度		

考察点3：西山自然观察径

图5　西山自然观察径

沿着小径的路标来到西山自然观察径。自然观察径由三段路组成，总长800米，西山森林的成长故事就藏在自然观察径的17个设施里。

来到西山自然观察径，里面有很多油松，油松是1955年第一种在西山林场安家的树，那时候它们才50厘米高，经过林场工人几十年的辛勤培育，现在长得又高又壮了。刚刚种下去的时候，每棵油松之间只相距1米，随着年龄的增长，树干越长越粗，树冠越来越大，林场工人为了不让油松之间影响彼此的生长，会伐掉一些生长不良的油松，这样林子就更加通风透光了，油松也就有更多养分来健康成长了。

8. 思考一下，既然油松之间离得近了会生长得不好，为什么林场工人不在造林时就种稀疏点呢？

9. 自然观察径里面种有很多油松，让我们来观察它，并用简图把油松的样子画下来。

10. 树干横截面上一深一浅的纹路构成的一个个圆环就是树的年轮，一圈年轮代表一岁，数

图6　树木的年轮

数图6中的这棵树有多少岁了？

11. 为什么树木的年轮有深有浅？

12. 年轮有的地方挨得很紧密，有的地方很疏松，猜一猜图6中的树木生长的地方哪边是南哪边是北。为什么？并用彩笔描画出气候温暖、雨量充沛的是哪几年的年轮。

行后学习任务

在以下三个任务中任选一个完成。

1. 用相机照出你最喜欢的景色，并配上一首小诗，可以自己编写，也可以摘录名人诗句。

2. 捡地上的落叶在白纸上拼贴一幅《秋色》图，并配上一首小诗，可以自己编写，也可以摘录名人诗句。

3. 为你喜欢的一种植物制作一张名片，用彩笔勾画出植物的模样，描绘出该植物的外形和特点。

学习素材

行前学习素材

1. 为了纪念20世纪50年代牺牲于台湾岛的隐秘战线上的无名英雄，北京西山森林公园里建造了占地约3000平方米的无名英雄纪念广场。

2. 温带地区代表树种有桃树、桦树、枫树、云杉、柳树等。

行中学习素材

1. 1949年前后，人民解放军按照中央关于解放台湾的决策部署，秘密派遣1500余名干部进入台湾。由于叛徒出卖等原因，台湾地下党组织遭到严重破坏，

大批地下党员被捕，有1100余人英勇就义。为了纪念这些忠贞不渝、宁死不屈的英雄们，2013年12月，由中国人民解放军总政治部联络部建设的无名英雄纪念广场，在风景优美的北京西山国家森林公园落成。

2. 到目前为止，经各方查找发现的烈士有846个，但还有许多未发现的英烈，所以墙壁上留着许多空白，以便未来发现新的英烈名字可以随时增补上去。

3. 要进行有明确目的的观察，观察时要有顺序，从远到近或者从整体到局部来观察，观察时要全面、细致，并积极思考，多问几个“为什么”。

4. 松、侧柏、山桃、紫薇、榆叶梅、金银木、平枝荀子。

5. 这些植物的生长环境都离不开水、阳光和空气。

6. 可能的原因：

（1）松树在生长过程中，需要铁元素较多，一旦缺铁，叶子就会发黄。

（2）没有及时除草，草害也会引起树叶发黄。

（3）天气温度较高，树体水分流失严重所致。

7.

表 1　松与侧柏的不同

	松	侧柏
图片		

（续表）

	松	侧柏
树叶的形状	圆柱形状，像针头一样	扁平形态，排成一个平面，两面同型，叶子是鳞形的，像鱼鳞一样
果实的形状	松果圆锥状	果实的形状像五角星
树干的高度	树高一般可达20米	高20至50米，最高可达75米，极少数为灌木状

8. 因为造林时林场工人种下的是油松幼苗，油松幼苗性喜密生，一般每亩种植15万至20万株比较合适，所以幼苗就是要种植得紧密一些。

9. 答案略。

10. 13岁。

11. 在春夏雨季，阳光明媚、雨水丰足，树木便会迅速生长，这时形成层迅速分裂出许多新的细胞来，这些细胞个儿大，所以这时形成的木质显得疏松，颜色也较浅。进入秋天，天气由暖变冷，雨水相应减少，形成层分裂细胞的速度减慢，分裂出来的细胞个儿较小，所以这时颜色很深。

12. 树木朝南的部分阳光充沛，生长快，年轮宽。树木朝北的部分比较寒冷和干旱，生长缓慢，年轮窄。

课程故事

我小时候最期待的就是周末爸爸妈妈带我去公园游玩，每次走进公园都好像进入了一个美丽又有趣的世界，无数个问题在脑袋里盘旋："这个树叶为什么是这个形状的？""这个花好漂亮，叫什么名字呢？""这个树的果实能吃吗？"……

现在我工作的学校附近有一座国家级森林公园，位于北京西郊的小西山，它就是北京西山国家森林公园。每到周末，就有很多家长带着孩子到西山国家森林公园游玩。公园里面有着美丽的花草，各种各样有趣的树木，可爱又神秘的小动物，空气中弥漫着花、草、树木、泥土的芳香，让人流连忘返。西山国家森林公园里面的植被非常丰富，有油松、桑树、连翘、牡丹、榆叶梅、黄栌、紫薇、金银木、山桃、侧柏等，它们各有特点，非常值得孩子们来认识、学习和探究。

园里还有一个无名英雄纪念广场，这个广场是为了纪念20世纪50年代为国家统一、人民解放事业牺牲于台湾的隐秘战线上的无名英雄而建的，是全国唯一的涉台隐蔽战线牺牲人员纪念广场，每年，中华全国台湾同胞联谊会、台湾民主自治同盟都会在这里举行祭奠活动，告慰烈士英灵。带学生们来参观并了解无名英雄纪念广场的历史背景，使学生们学会饮水思源，感恩和珍惜现在的美好生活。

近几年，西山国家森林公园里还建成了有趣的西山自然观察径，自然观察径里面有着把荒山变成森林的秘密，让人迫不及待地想去一探究竟。所以，这次在首都师范大学杨光教授和四季青学区冯艳老师、毕老师的帮助下，我想做一个关于认识西山国家森林公园植被、了解无名英雄纪念广场历史背景的课程。

都说“兴趣是最好的老师”，学生有兴趣才会去深入思考。我希望通过这个课程，学生们能够在积极探究的氛围中了解西山国家森林公园里植被的特点以及人们造林的艰辛。这个课程也引导学生们自主学习，学会观察、探索和发现，学会提出问题、解决问题，进而获得成功的喜悦。

为什么说我们生活在“黄金带”？

——北京植物园北纬 40 度雕塑的地理和生物学考察

程子序

活动路线图

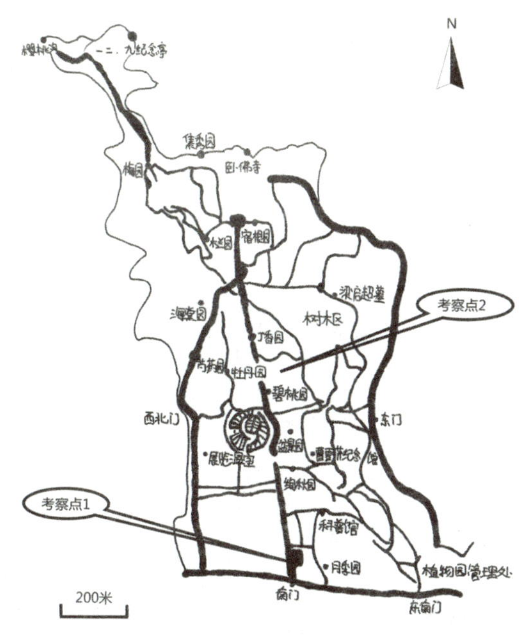

图 1　主要考察点[1]

活动特色

北纬40度线被称为“黄金奶源带”，在自然、人文方面具有极为重要的意义。这里不仅孕育了最早的人类文明，而且孕育着许多国际著名城市。它如同

1　该图由首都师范大学附属小学的张一晨老师绘制。——作者注

一条凝聚了人类文明的脉络，穿越古老的长城、蜿蜒的丝绸之路和庄严的金字塔，横跨纽约、马德里、安卡拉、平壤等代表了现代文明的著名城市。我们生活的北京，同样地处北纬40度线上，地理位置及气候环境非常适宜植物生长和人类生活。北京植物园内修建了“北纬40度雕塑”，成为四季青地区的一个地标性建筑物，也成为人们来香山地区必看的景观之一。为什么会把这样重要的标志放在植物园里？我们如何判断自己所处的位置？北纬40度地理标志能够告诉我们哪些重要的地理和生态信息？在植物园里能找到哪些体现北纬40度的标志性植物？让我们一起开启北京植物园北纬40度的地理及生物学考察之旅，探秘我们生活的“黄金带”吧。

活动目标

总目标	活动点	分点活动目标
1. 用手机、量角器等工具，测量北纬40度雕塑上的各类角度，了解某地纬度划分的依据 2. 利用手持GPS仪或手机GPS，了解所在位置的经纬度 3. 通过观察北纬40度雕塑上的雕花，了解纬度地带性典型植被的分布区域及习性特点	1. 北京植物园正门	测量所在位置的经纬度，根据信息判断该地到达雕塑的方向、距离、时间
	2. 北纬40度雕塑	1. 观察雕塑的基本结构及其含义，测量雕塑中所呈现的各种角度，探究北纬40度的确定依据 2. 观察雕塑上的雕花，认识区域典型植物 3. 了解纬度地带性规律

活动准备

1. 准备物品：建议携带手机（带GPS功能）、量角器、雨伞、相机、饮用水、驱蚊液等。

2. 活动中注意观察、记录数据，跟随指导教师或家长完成相关问题。

3. 安全事项：不要随意摘取路边的花朵，不要食用或触碰不知名的植物，以防中毒。

4. 请穿舒适运动鞋和保暖衣物，最好乘坐公共交通工具前往。

活动设计

行前学习任务

1. 学习有关经纬网的知识，了解地球仪上经线、纬线、经度、纬度的划分依据。

2. 了解全球卫星定位系统、北斗导航系统等工具的定位原理。

3. 查阅地处北纬40度线（附近）的主要城市，这些城市分别位于哪些国家？

4. 查阅典型的温带植物有哪些，它们的生长环境和生长习性是怎样的？

行中学习任务

考察点1：北京植物园正门

1. 位置及路线的选择

进入公园正门后，在右侧公园导览图附近停留，拍摄导览图，在图上查找北纬40度雕塑的位置。

（1）我在哪

打开手机GPS软件（以苹果Iphone手机为例，点击“指南针”APP），查找到自己所在位置的经纬度，并记录下来。

（2）往哪走

植物园中北纬40度雕塑的经纬度是（40°N，116°12′9.18″E），请根据你所在位置的经纬度信息，判断往哪个方向走可以到达雕塑位置。

（3）走多远

在同一经线上，纬度每相差1°（注：1°=60′；1′=60″），长度约为111千米，请根据两地的纬度差计算从公园门口到雕塑的距离是多少。

（4）走哪条路

根据景区导览图以及手机中的电子地图，请选择一条适合的路线，说明理由，并计时估算步行到达北纬40度雕塑的时间。

考察点2：北纬40度雕塑

走过温室展厅后，向北沿中轴路步行100米，在东侧林木繁茂的桃花园和丁香园之间，即可到达北纬40度雕塑处（选择其他路径亦可到达）。雕塑既与周边景物融合，又具有较高的科研价值。

2. 了解北纬40度雕塑的基本结构

北纬40度雕塑高约5米，远看是一个横平竖直的长方形，花岗石材质，主体建筑通过地球的北纬40度切面形成基本构图元素，中间为半圆形的立体镂空造型；近看是一座花岗岩材质的雕塑，东西两侧的上部刻着世界地图，中部根据不同经纬度地区的气候环境特点，装饰有精美的植物雕刻，落在地面上的部分刻有字母N和阿拉伯数字40。

图2　北纬40度雕塑

（1）实地观察雕塑，结合手持GPS仪或手机GPS功能思考雕塑中的线所表达的意思，并填写在表1中。

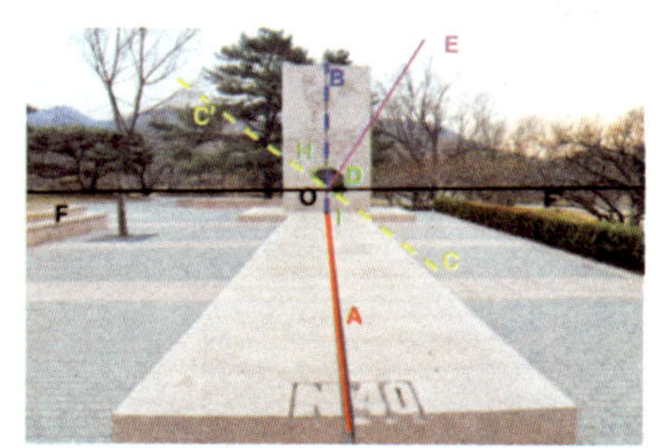

图 3　北纬 40 度雕塑上的地理问题

表 1　雕塑中各条线的含义

直线OA	线段BO	直线CC'	圆弧$\overset{\frown}{HDI}$	直线FF'	射线OE

（2）测量角度

要求：借助量角器、三角板或手机角度测量工具，任意选择两条射线的夹角。测量：

① $\angle BOC'=$

② $\angle BOE=$

③ $\angle C'OF=$

（3）探寻某地纬度的确定依据

分析上述角度与40°的关系，思考纬度的概念及某地纬度是如何确定的。

3. 认识北纬40度雕塑雕刻的内容

（1）观察雕塑，说出雕塑上部东西两侧的大洲名称。

（2）查看雕塑周边的说明展板，了解北纬40度穿越了哪些城市，并在雕塑上指出它

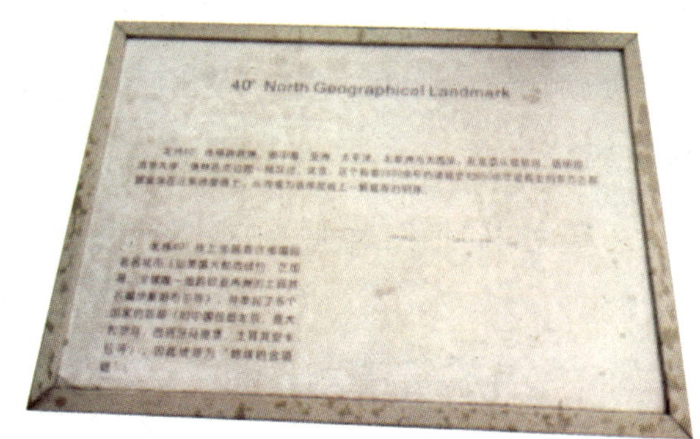

图 4　北纬 40 度雕塑北侧展板

们的位置。结合行前查阅的资料，分析这些城市的自然环境有何不同。

（3）雕塑上的植物

① 认真观察雕塑中部东西两侧的多种植物图样，猜测这些植物的名称，并说明理由。

② 思考在雕塑上绘制这些植物的原因和规律。（提示：观察东西两侧不同热量带的划分）

③ 北纬40度附近的典型植物有哪些？在植物园中搜寻它们并拍照。根据北京的气候特点，分析这些植物的生长习性。

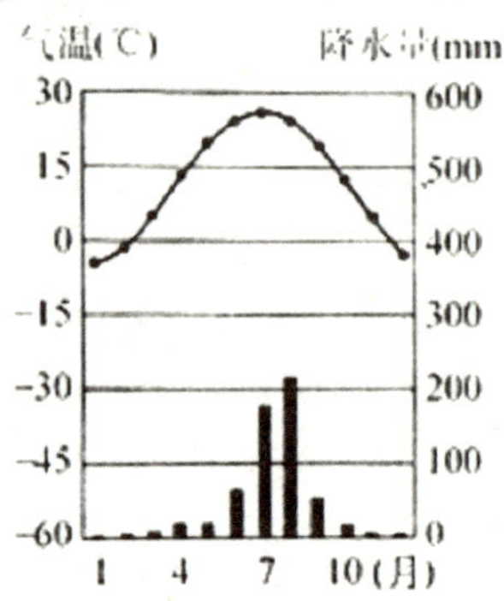

图5　北京气温变化曲线图和降水柱状图

行后学习任务

1. 设计“北纬40度带”雕塑

上网找资料，根据你对北纬40度所穿越地区的了解，设计一个以北纬40度线处主要城市特色为主题的雕塑，突出展示某一两种自然要素或人文风情，并说明设计理由。

2. 查阅其他纬度或经度上的重要纪念碑，了解其所在国家的风土人情。

学习素材

行前学习素材

1. 经纬网是地球仪上或地图上经线和纬线相互交织组成的网。地球是在不停地绕地轴（假想）旋转，其与地表形成两个交点，即南极和北极。在地球中腰画一个与地轴垂直的大圆圈，且圆圈上的每一点都和南北两极的距离相等，这个圆圈就叫作赤道。在赤道的南北与赤道平行的圆圈称作纬线。地球面上某点到球心的连线与赤道平面的夹角的度数称作纬度。赤道纬度为0度，向南向北各为90度，在赤道以南的叫南纬，在赤道以北的叫北纬。北极就是北纬90度，南极就是南纬90度。

连接南北两极的半圆为经线，国际上规定以通过英国格林尼治天文台原址的子午仪中心的经线作为0度经线，即“本初子午线”。在其东面的为东经，共180度；在其西面的为西经，共180度。

2. 该类定位系统的基本原理是，由覆盖全球的若干颗卫星组成卫星系统，保证在任意时刻、地球上任意一点都可以同时观测到4颗卫星，这样可以采集到该观测点的经纬度和高度，以便实现导航、定位、授时等功能。除美国的全球定位系统（GPS）外，还有我国自主研发的北斗导航定位卫星系统、欧盟的伽利略导航卫星系统、俄罗斯的全球导航卫星（GLONASS）系统等。

3. 中国：北京；朝鲜：平壤；美国：盐湖城、丹佛、匹兹堡、纽约；西班牙：马德里；德国：法兰克福；土耳其：安卡拉。

4. 温带气候的情况复杂多样。根据地区降水特点的不同，可划分为温带季风性气候、温带大陆性气候、温带海洋性气候、亚热带季风气候和地中海气候几种类型，由此造成了复杂多样的自然带，有温带落叶阔叶林带、亚热带常绿阔叶林带、亚热带常绿硬叶林带、温带荒漠带、温带草原带等。就本地区而言，主要为温带落叶阔叶林带，受到北京温带季风气候（夏季高温多雨、冬季寒冷干燥）的影响，植物具有冬季落叶的现象，典型植物为杨树、椴树等。

行中学习素材

1.（1）39°59′37.58″N，116°12′12.68″E。

（2）北偏西。

（3）约600米。

（4）建议由该地一直向北，路过展览温室后，继续向北100米，东侧即是。理由：最短路径，最为快捷。亦可选择其他路径，说明理由即可。

2.（1）表格信息如下：

表1　雕塑中各条线的含义

直线OA	线段BO	直线CC'	圆弧$\overset{\frown}{HDI}$	直线FF'	射线OE
“实际”中的40°N纬线	地心与该地连线的延长线；雕塑地图上的40°N	该地北极星高度；地轴的平行线	沿该地经线下切至地轴的地球剖面图	该地所在经线	雕塑“地心”与赤道连线的延长线

（2）① $\angle BOC'=50°$，② $\angle BOE=40°$，③ $\angle C'OF=40°$。

（3）经推测$\angle C'OF$ =当地北极星高度角（仰角）= $\angle BOE$ =当地纬度=40°。

3.（1）西侧：北美洲（北）、南美洲（南）、欧洲西部部分地区（上）；东侧：欧洲（上）、亚洲（中）、非洲（上、南）、大洋洲（下、南）。

（2）穿越了芝加哥、费城、纽约、巴塞罗那、罗马、伊斯坦布尔、北京等。根据气候类型的差异，有夏绿阔叶林、温带草原等植被类型。

（3）① 东侧植物：苔藓、地衣、椰子、咖啡、苹果、银杏、小麦、油松等。西侧植物：苔藓、地衣、竹子、仙人掌、剑麻、香蕉/芭蕉、银杏、剑麻等。

② 依据东西半球不同热量带的分布状况划分。

③ 银杏、油松等，言之有理即可。

课程故事

植物园北纬40度课程设计过程记录

时间：6月5日（星期一）上午

天气：阴有小雨

人员：四季青学区管理中心冯艳老师，首都师范大学杨光博士和两位研究生，首都师范大学程然老师（地理学科）

地点：北京植物园

早上9:00，我来到北京植物园南门，杨博士一行人已经到了。天公作美，虽然已经进入6月，但是今天是个偶尔飘几丝细雨的阴天，居然还有几分凉意，很适合户外考察。简单的自我介绍之后，我们明确了此行的目的，是为了给学区里参与课程建设的老师们做一次现场培训，届时，我们将带领课程建设团队的老师以及部分学生来观摩本次设计的课程。由首都师范大学附属中学的程老师主要负责本次的课程设计和观摩课的组织。

我们先来到植物园进门处的导览图附近，思考在这里能够设计出什么样的课程内容。从门口出发怎么找到北纬40度雕塑呢？我们想了几种方案，一是根据导览图，先找到北纬40度雕塑在图例中的代号，再从导览图中找到相应的位置，然后确定从自己所在位置到雕塑的路线。杨博士找了一位对植物园不太熟悉的研究生进行现场实验，感觉这个难度应该不大。二是利用智能手机中的步行导航软件。这时，程老师提出了第三个方案，苹果手机中有一个指南针APP，可以确定自己所在位置的经度和纬度，再把北纬40度雕塑的经纬度告诉学生，让他们大致判断行进的方向。这个想法是我从来没有想过的，真没想到我每天都使用的手机还有这样的功能，而且这个设计和本节课的内容——北纬40度这一知识内容结合得更加密切，这真是一个好点子！我们还讨论了能否根据经纬度估算距离和步行时间，要想解决这个问题需要学生具备一定的地理知识、数学运算能力和生活常识，对学生的综合能力要求很高。我们将手机中的经纬度定位进行拍照，杨博士说可以把这张照片插到书里，以此提示学生定位的方法。

我们向雕塑所在地走去，程老师突然提出一个问题：“如果学生自己不想办法，就跟着队伍走会怎么办呢？我们是不是可以把学生分为几组，按照一定的时间间隔分开出发。另外，沿途能设计什么活动呢？”

北纬40度雕塑距离南门不远，估计步行时间不超过10分钟。

来到雕塑这里，大家首先关注到的是地上这条长长的线，这就是北纬40度的纬线所在的位置。除此之外还有什么？这里又可以设计什么活动？我有些困惑。这时我们注意到了直立部分上有一个镂空的半圆。这个半圆具有什么含义呢？猜不到？没关系，这时程老师的手机操作技能又派上了用场。经过测量，半圆直径和地面的夹角是40度。

如果从地面延伸出来竖直向上的这条线仍代表40度纬线，那么这个半圆的直径应该表示赤道。

这时，杨博士引导我们观察雕塑上半部分的地图，大家猜想，这应该是地球上北纬40度的纬线所穿过的地方，我们转到雕塑的后面，发现后面也是地图。

他们都有地理的学科背景，于是又进一步猜测地图上都是哪些地方，我完全插不上嘴，于是自己走到一边看关于北纬40度雕塑的说明。

在第二个说明中，我发现了一些线索——雕塑中有以各个温度带的植物为题材创作的浮雕。于是我返回雕塑，发现正反面果然都有植物浮雕。

此时，他们几个正在猜测这些都是什么植物，也发生了一些争议，如一图中右下方的植物，有人认为是荷叶，有人认为是苔藓地衣。而且，大家渐渐发现情况跟预想的不太一样，开始大家都想当然地认为，既然是北纬40度雕塑，那么上面雕刻的应该是北纬40度附近的一些代表植物，但是我们却在上面发现了一些明显的热带植物，这是什么原因呢？通过仔细观察，我发现浮雕被划分为五个区域，再联想到刚才看到的说明，我猜测这可能是不同温度带的一些代表植物。杨博士对我的想法表示认同。有了这样的判断，再猜测代表植物的时候方向好像变得更加明确了。我们在网上搜索每个温度带的代表植物及其图片，并和浮雕上的植物进行比对。就这样，几个不具备生物学科背景的人也渐渐把浮雕上的植物猜出了大部分。我们用这种方法猜测雕塑背面中间结有小果实的植物有可能是咖啡。这个过程给我留下的印象非常深刻，因为我觉得这就是一个很好的探究过程，我们每个人都参与其中，迎接挑战，体验乐趣，这正是我们课程设计期待实现的效果。但如何实现这样的效果呢?

带着思考我们再次上路，打算再找一个考察点用于课程设计，但是事情好像比我们想象得更加困难，针对下一个考察点要设计什么课程内容呢?杨博士提议可以以植物园中的代表植物——“松”作为考察主题。这时，一个研究生提议：“能否利用植物园中的植物品类设计一个有关北纬40度附近适宜人类居住的主题活动?”这和我的想法是一致的，但是程老师认为，植物园的主要功能是观赏和科普，里面的植物未必都是北纬40度附近的代表性植物。因为想不到什么更好的点子，所以暂定为关于松树的主题，如果后面有了更好的想法再进行更换。

这个过程让我深深感受到了课程建设的难度，程老师是一位很有思想的年轻教师，在团队合作、专家指导的情况下设计出一个让自己满意的课程尚有如此多的困难，那么其他老师呢，他们可能会遇到更多更大的困难，谁能够给他们支持呢?

如何体验定向寻宝的紧张刺激呢？
——北京西山国家森林公园的地理和植物学考察

潘慧媛　陈丽凤

活动路线图

图1　公园正门

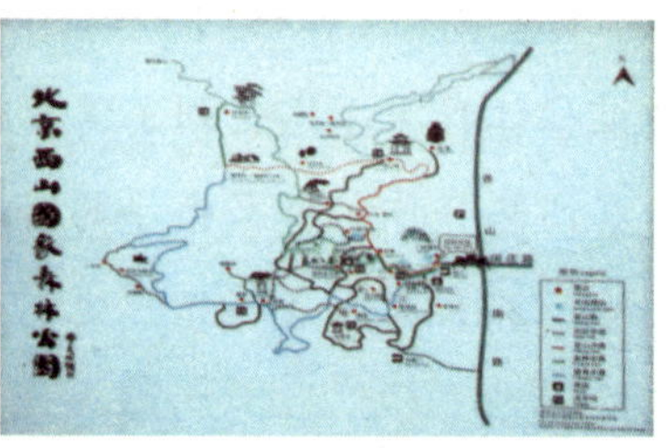

图2　公园导览图全貌

图3　主要考察点

活动特色

北京西山国家森林公园位于北京西郊小西山，公园内动植物种类众多，地质、地貌景观资源丰富。除了运动健身外，还可以观花赏叶，爬上高处还能够眺望京城。公园位于四季青地区，周围绿地面积广，灯光污染相对小，距城区仅20公里，是距离城区最近、最佳的观星和赏月地点。本次实践包括认识岩石和植物、观看星空、赏月观月相等活动。我们希望学生们能在登山的过程中认识、了解大自然中的宝贝，希望能带给他们一次愉快的寻宝之旅，使他们从此爱上北京西山国家森林公园！

活动目标

总目标	活动地点	分点活动目标
1. 辨识几类野外常见的岩石 2. 认识北京地区常见的植物 3. 面朝东门俯瞰，辨别方向（了解基本的北半球星空和月相变化，能辨别出上弦月、下弦月）	1. 森林公园东门入口景观处	观看瀑布处岩石的颜色；认识花岗岩及其简单的形成原因；运用导游图找出沿水路到达无名英雄纪念广场的路径；观察周围的植物
	2. 在某点观察植物	黄栌、火炬树、五角枫三种植物的叶片到秋天都会变成红色，通过观察茎和叶片的特点，学会区分这三种植物并了解我们常说的红叶是黄栌
	3. 无名英雄纪念广场	对比三处植物种类的变化，了解海拔高度变化对植物分布的影响；了解月相变化和北半球星空；了解“为什么十五的月亮十六圆”

活动准备

1. 准备物品：手机（用来拍照对比、定位、定方向）、饮用水、舒适的鞋、方便爬山的衣服，如果有望远镜可以带上。

2. 活动中注意观察并记录数据，跟随指导教师或家长完成相关问题。

3. 安全事项：不要随意摘取路边的花朵，不要食用或触碰不知名的植物，以防中毒。夏天建议带驱蚊液、雨伞等物品。

实践活动设计

行前学习任务

上网自行查阅资料。

1. 常见岩石类型及其成因是什么？

2. 叶片的结构都有哪些？

3. 果实的类型都有哪些？

行中学习任务

考察点1：北京西山国家森林公园东门入口景观处

1. 路线选择：进门后在公园导览图前停留，找出到达无名英雄纪念广场的路有几条？从中选出沿水路到达的路线，作为我们此次考察的线路。

图4　岩石1

图5　岩石2

2. 观察岩石：图4、图5中的岩石属于哪种类型？

3. 测量海拔：用手机定位、测量海拔高度并记录。

4. 手机拍摄一种数量在10株以上的植物A，测量叶片长度为________厘米，宽度为________厘米。

考察点2：沿途

沿途找到三种目标植物——火炬树、黄栌、五角枫，并记录目标植物的坐标。

对植物特点进行选择［A、B、C分别是对植物的高度、果实（种子）、叶片的描述］。

A1. 高可达3～5米。

A2. 高达12米。

A3. 高达15～20米。

B1. 核果，小，干燥，肾形扁平，绿色。

B2. 核果深红色，密生绒毛，果穗鲜红色。

B3. 翅果，嫩时紫绿色，成熟时淡黄色。

C1. 叶柄细，倒卵形或卵圆形，单叶互生，叶片全缘或有锯齿。

C2. 叶柄较细，单叶，宽长圆形，常5裂。

C3. 柄下芽，奇数羽状复叶互生，长圆形至披针形，缘有锯齿。

5. 火炬树——主要用于荒山绿化兼作盐碱荒地风景林树种，繁殖速度快。

A. ________　　B. ________　　C. ________

6. 黄栌——著名的北京香山红叶主要指的就是该树种的叶子。

A. ________　　B. ________　　C. ________

7.五角枫——北方重要的秋天观叶树种，叶形秀丽，嫩叶绿色，入秋又变成橙黄或红色。

A. ________　　B. ________　　C. ________

考察点3：无名英雄纪念广场

8. 测量海拔：用手机定位、测量海拔高度并记录。

对比考察点1和考察点3的海拔高度值，计算出高度差为________，根据海拔每升高100米气温降低0.6℃，计算出两点的温度差值为________，并作出体感的描述____。

9. 辨别方向：找到北极星，确定北方。站在无名英雄纪念广场上，判断雕像面对的方向。（如果是晴朗的晚上来，这里是离北京城最近的最佳观测地点）

观月相（夜晚），对不同时期的月相进行描述：

中秋时节：________________；该月初七八日：________________。

10. 植物喜好大揭秘：

（1）手机拍摄一种数量在10株以上的植物B，测量叶片长度为________厘米，宽度为________厘米。

（2）对比植物A与植物B叶片大小与温度的关系。

长度________ > ________，宽度________ > ________。叶片较大的植物喜欢生活在温度较________（高/低）的地方。

行后学习任务

1. 找找看，你还在哪里见到过花岗岩？

2. 想一想，为什么叶片大小与海拔相关？

学习素材

行前学习素材

1. 沉积岩：经过外力的搬运所形成的沉积层，又经成岩作用而形成的岩石。沉积岩有两个突出特征：一是具有层次，称为层理构造，层与层的界面叫层面，通常下面的岩层比上面的岩层年龄古老；二是许多沉积岩中有“石质化”的古代生物的遗体。

花岗岩：大陆地壳的主要组成部分，是一种岩浆在地表以下凝结形成的岩浆岩，属于深层侵入岩。花岗岩不易风化，颜色美观，外观色泽可保持百年以上，由于其硬度高、耐磨损，除了用于高级建筑装饰、大厅地面外，还是露天雕刻的首选之材。

变质岩：变质岩是由原来的岩石（岩浆岩、沉积岩和变质岩）在地壳中受到高温、高压及化学成分加入的影响，在固体状态下发生矿物成分及结构构造变化后形成的新的岩石。如普通石灰石由于重结晶变成大理石。

2. 叶是由茎尖生长锥后方的叶原基发育而来。通常植物的叶子是由表皮、叶肉、叶脉三个部分组成。（1）表皮：包被着整个叶片的表面，在叶片上面（腹面）的表皮称上表皮，在叶片下面（背面）的表皮称下表皮；（2）叶肉：在上、下表皮之间，由含有叶绿体的薄壁细胞组成，是绿色植物进行光合作用的主要场所。叶肉组织在上、下表皮的气孔内侧形成一个较大的腔隙，称孔下室（气室）。这些腔隙与栅栏组织和海绵组织的胞间隙相通，有利于内外气体的交换；（3）叶脉：主要为叶片中的维管束，主脉和各级侧脉的构造不完全相同。在维管束的上下方常有厚壁或厚角组织包围，这些机械组织在叶的背面较为发达，因此主脉和大的侧脉在叶片背面常形成显著的突起。

3. 果实种类繁多，分类方法也多种多样。根据果实来源，可分为单果、聚合果、复果三大类。

单果是由一朵花的单雌蕊或复雌蕊的子房发育而成的果实。

聚合果是由一朵花内若干个离生心皮发育形成的果实，每一离生心皮形成一个独立的小果，聚生在膨大的花托上。因小果的不同，可分为聚合蓇葖果（如八角）、聚合核果（如茅莓）、聚合瘦果（如草莓）、聚合坚果（如莲）等。

复果是由整个花序发育而成的果实，如桑葚、凤梨、无花果等。

行中学习素材

1. 3条。

2. 图中岩石为变质岩。

3. 每个人的手机显示的海拔高度不一定一样。

4. 答案略。

5. 火炬树：A2.高达12米；B2.核果深红色，密生绒毛，果穗鲜红色；C3.柄下芽，奇数羽状复叶互生，长圆形至披针形，缘有锯齿。

6. 黄栌：A1.高可达3~5米；B1.核果，小，干燥，肾形扁平，绿色；C1.叶柄细，倒卵形或卵圆形，单叶互生，叶片全缘或有锯齿。

7. 五角枫：A3.高达15~20米；B3.翅果，嫩时紫绿色，成熟时淡黄色；C2.叶柄较细，单叶，宽长圆形，常5裂。

8. 海拔高度以个人手机数据为准，关键是要把考察点1和考察点3的数据进行计算，相减得出相对高度值即为高度差。相对高度按照200米算，气温降低1.2℃，体感可以感觉到凉意，用一句诗表达叫“高处不胜寒”。

9. 找北极星，一般常用的是两种方法，一是利用北斗七星，二是利用仙后座。将勺斗的两颗星（即北斗一、天枢和北斗二、天璇）连起来，向前延长大约五倍，就是北极星了；仙后座是五颗星组成一个W的形状，在天空中非常显眼，只要我们找到了它，然后把“W”的两条边延长相交，再把这个交点和中间的那颗星连线，向前延长大约五倍，就是北极星了。月圆，满月；上弦月。

10.（1）自主测量。

（2）对比植物A与植物B叶片大小与温度的关系。长度：A > B，宽度：A > B。叶片较大的植物喜欢生活在温度较高的地方。

行后学习素材

1. 花岗岩在自然界存在非常广泛，多为浅肉红色、浅灰白色。埃及金字塔、古希腊神庙、古罗马斗兽场等都是由花岗岩建造的。由于其硬度高、耐磨损，城市中很多石碑、题字都是花岗岩石材，例如：天安门广场上的人民英雄纪念碑就是花岗岩做的。

2. 植物生长遵循自然规律，其中影响植物形态和生活习性的一个重要的自然因素就是气温。植物的叶片面积大小受气温影响很大，一般情况下气温高叶片的面积就大，“高处不胜寒”道出了气温随海拔升高而降低的自然规律（海拔每升高100米，气温降低0.6℃）。

参考文献

[1]盛海洋. 工程地质[M]. 武汉：华中科技大学出版社，2015.

[2]陆廷清. 地质学基础[M]. 北京：石油工业出版社，2015.

[3]李增学. 矿井地质手册（地质·安全·资源卷）[M]. 北京：煤炭工业出版社，2015.

[4]王青. 叶的结构和功能教学案例[J]. 科学教育，2005（3）.

[5]叶创兴. 植物学[M]. 北京：高等教育出版社，2007.

课程故事

2013年之前，我并不知道北京西山国家森林公园这个地方，第一次跟她的亲密接触是来师达中学工作的第一年。那个时候每年的3月份，为了感受3月12日植树节的意义，师达中学会组织初一年级学生用一天的时间，去北京西山国家森林公园进行植树活动，而我有幸参与了学校的最后一次植树活动。北京西山国家森林公园位于师达中学的西方，距离很近，大概公交车两站地的距离，所以学生和老师步行就可以到达。她给我的第一印象是一个有山有水的公园，立体感、平面感都很强，让我一下子就喜欢上了她。

后来，我们学校取消了植树活动，但是新的机会也随之而来。作为政史地组的老师，学校让我们设计实践活动方案。基于对北京西山国家森林公园的那份喜爱，加上地理位置上的优势条件，我提出实践活动以定向越野作为主线来进行，地点就定在北京西山国家森林公园。为此，我们进行了多次实地考察，制订了详细的活动方案。为了更好地开展活动，我还与乐嘉体育的主办方联系，给学生提供了一次免费体验定向越野的机会。活动在周末举办，师达中学大概有100名学生参加了那次活动，大家对活动效果的反馈非常好，但由于诸多因素的限制，我最初的活动设计并没有完整地实施。

有缘还会再见！在四季青课程开发的过程中，我又一次想到了北京西山国家森林公园，所以就毫不犹豫地把之前的一些想法付诸其中！当然，在四季青学区的组织下，我们系统地学习了课程设计的流程，在杨博士的讲座和北纬40°课程的实地学习的基础上，我又跟同事陈丽凤老师抽出休息时间进行了实地考察，初步确定了课程方案，经过几次修改，最后定稿。这次的实践课程条理清晰，脉络明确，虽然还存在很多不足，但是我们在这个过程中的收获确实很多！希望以后可以更加精进。

只有在西山才能看到“月上京城”吗?

——北京西山国家森林公园的天文学考察

程　然

活动路线图

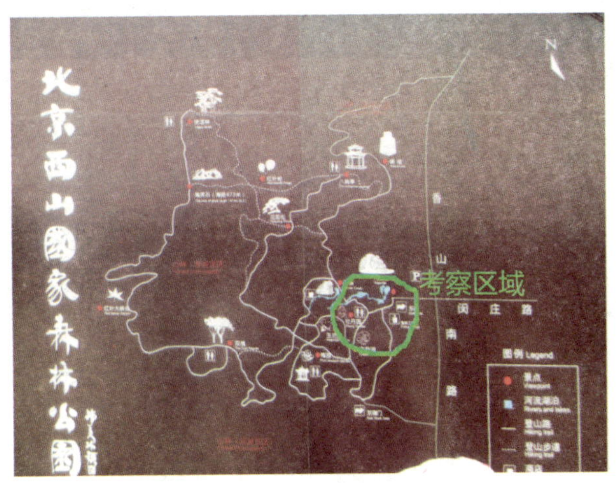

图 1　主要考察区域

活动特色

月亮是夜空中最明亮的天体，从古至今，它引发了人们的无数遐想与探究。晴朗的夜晚，用肉眼就可以看出月面上的暗斑，以前，人们把这些暗斑想象成各种形态，创作了许多神话故事，流传至今。

直到1609年意大利天文学家伽利略把望远镜对准月亮时，才发现所有的神话传说都是美好的幻想，月亮上毫无生机，一片荒凉。月亮表面也不似想象的那样平滑，而是既有挺拔的高山，也有凹陷的洼地。

现今，我们通过网络能搜集到很多关于月亮的知识，那么你想不想亲自观察一下月亮上的环形山呢？来吧！让我们一起走进西山国家森林公园，享受大自然带给我们的宁静，观看北京城的夜景，一起看一看我们地球的卫星——月球。

活动目标

总目标	活动点	分点活动目标
1. 用望远镜、单反相机等工具，观察月球表面的哥白尼坑、开普勒环形山和第谷环形山	1. 西山国家森林公园东门广场	架设设备，并对月球拍照，获得清晰照片，认识月球表面的代表性地貌
2. 在无名英雄纪念广场上观看北京城全景，认识月相的变化	2.无名英雄纪念广场	1.了解无名英雄纪念碑的来历 2.欣赏“月上北京”的景象，了解月相变化的规律
3. 在晴朗的夜空观测北斗七星，并用北斗七星寻找北极星	3. 东门广场	观测北斗七星，利用北极星与北斗七星的位置关系，在夜空中利用北斗七星寻找北极星

活动准备

1. 准备物品：望远镜（建议带有支架的望远镜），单反相机（带支架），手机、手电筒、铅笔、白纸、饮用水、驱蚊液、创可贴等。

2. 活动中注意观察记录数据，跟随指导教师或家长完成相关问题。

3. 安全事项：因为是夏季夜晚的活动，建议5～10人一起活动，带驱蚊液并及时喷涂。

4. 建议活动时间：每月农历十二至农历十七，最好是夏季晚上18:30～21:00。

实践活动设计

行前学习任务

可查阅相关资料自主学习。

1. 无名英雄纪念广场在什么时间、什么地点落成？

2. 为什么要修建这个纪念广场？

3. 你知道纪念广场的四个雕塑分别是哪些烈士吗？

行中学习任务

考察点1：西山国家森林公园东门广场

进入东门向正前方走100米即可到达广场。广场比较开阔，可以选择一处开始做准备工作，注意不要影响其他游客。

1. 我们可以用什么设备观看月亮？

2. 如何用单反相机拍摄月亮？

图2　架设设备

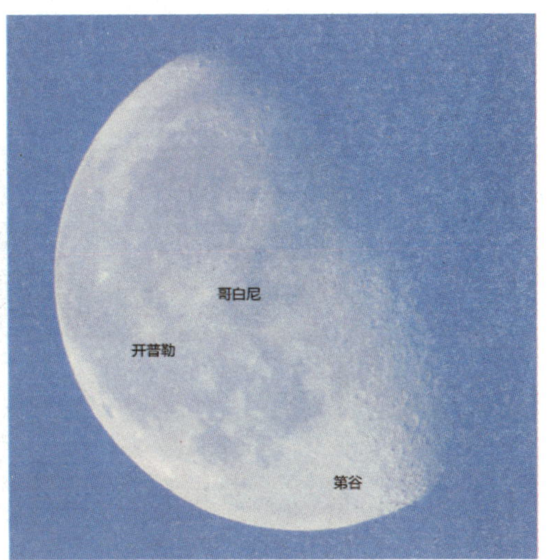

图3　月亮的相片

3. 如何用手机拍摄月亮？

图 4　手机拍摄月亮

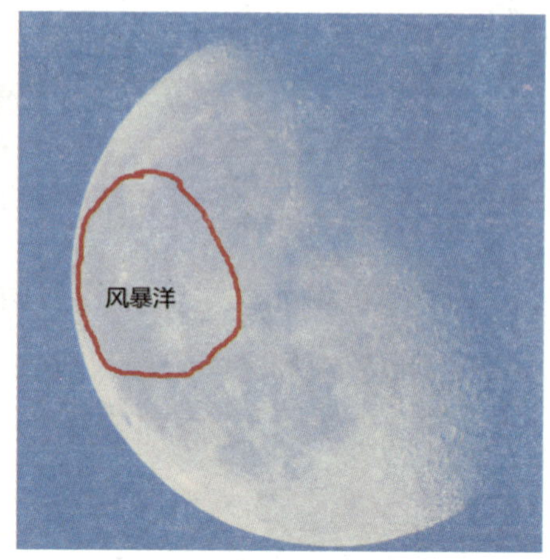

图 5　风暴洋

4. 通过望远镜，你会看到月面上星罗棋布的圈圈很多，这是什么？（参看图3）

5. 你知道月亮上的暗斑被伽利略称为什么吗？

考察点2：无名英雄纪念碑

6. 无名英雄纪念广场五块铜牌上铭文的主题分别是什么？

7. 谈谈最让你感动的一段铭文是什么。对此你又是如何理解的？

图 6　在台湾牺牲的四位英雄

8. 读一读毛主席的题词，它的含义是什么？

图 7　毛主席题词

9. 这里就是观看“月上京城”的好地方。

图 8　俯瞰北京城

考察点3：回到东门广场看看北斗七星

10. 抬头看看西北方的天空，你能找到像勺子一样的七颗星星吗？这就是我们经常提到的北斗七星。你知道一年中北斗七星的最佳观测时间吗？

11. 大家一定都知道北斗七星是围绕北极星旋转的，那么你能利用北斗七星找到北极星吗？

行后学习任务

这次活动中有没有给你留下深刻印象的地方或令你特别感兴趣的事物呢？可以通过文字的方式记录下来。

学习素材

行前学习素材

1. 2013年10月在北京西山国家森林公园落成。

2. 为了纪念20世纪50年代牺牲于台湾的大批隐秘战线上的无名英雄而建。

3. 分别是吴石、朱枫、陈宝仓、聂曦。

行中学习素材

1. 架设望远镜和单反相机，一定要把三脚架摆放稳妥。

2. 长焦200mm以上的镜头最好，用其他镜头也可以。光圈设置：满月的时候F11，月缺F8，月牙F5.6，ISO100，快门1/125，重点是手动对焦MF，拍完后做一下剪裁，漂亮的月亮就被拍摄下来了。

3. 手机拍摄月亮要和望远镜相结合，把手机的摄像头对准望远镜的目镜，取好景后拍照，注意手机取景时一定要慢一些，稳一些。

4. 通过望远镜，你会看到月面上有很多星罗棋布的圈圈，这就是环形山，是早期月球被太空流星体撞击形成的，如第谷环形山。

5. 月亮上的暗斑被伽利略称为“月海”。虽然被称为海，但是里面没有水，只是比周围地势低的平原地带。我们一起来看看最大的“月海”——风暴洋。

6. 忠魂，光影，家国，信义，追梦。

7. 学生自由抒发，合理即可。

8. 这首诗是毛主席为特派员吴石所作。含义：当时国民党占领的台湾形势很紧张，但很快就会拨云见日了。正因为里边潜伏着像吴石这样优秀的特派员，所以很快就会见到曙光。由此可见毛主席对吴石的信任和鼓励。

9. 答案略。

10. 每年的六七月份是观察北斗七星的最好时节，北斗七星在西北方的高空中，我们可以看到完整的图像。

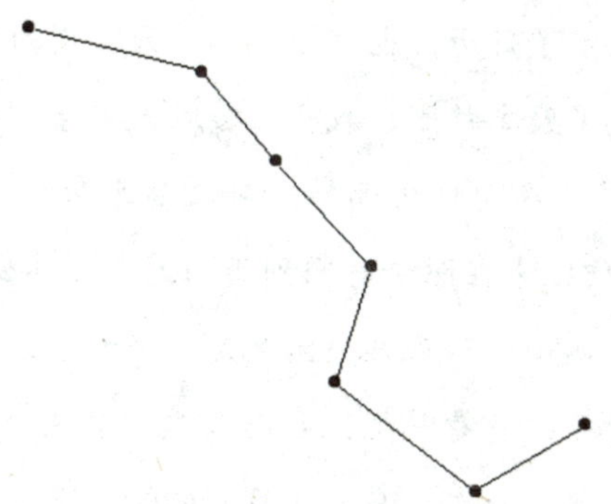

图 9　六七月份看到的北斗七星

11. 找到位于北斗七星勺头的两颗星，然后顺着勺头方向，延伸大约五倍距离，就能找到北极星了。

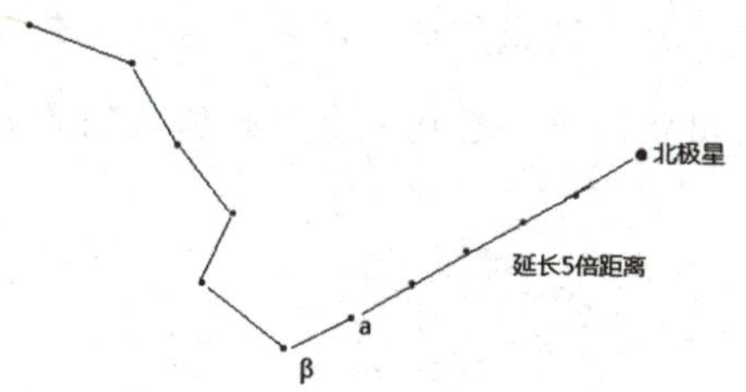

图 10　利用北斗七星找北极星的方法

参考文献

[1]晗杰. 浅谈铱星闪光的预报查询和拍摄技巧[J]. 天文爱好者, 2014（7）.

[2]西蒙・纽康. 通俗天文学[M]. 金克木译. 北京：北京联合出版公司, 2012.

[3]C.弗拉马里翁. 大众天文学[M]. 李珩译. 北京：北京大学出版社, 2013.

课程故事

自古以来一说到有学问的人，一定是“上知天文、下知地理”，这一说法是有道理的，人类的文明是从望天、观星开始的。在很早以前，我们的祖先就探索了星空运转的规律，确定了日历，也就是我们今天使用的农历。

2012年，我校开设了天文社团，我开始接触天文学，每天晚上都会出去看看星星，看看月亮。最早是在小区里面转一转，后来听说西山国家森林公园晚上18:00后免费开放，我便经常在课余时间到西山国家森林公园转一转。

这一转让我发现，西山国家森林公园真是一个好地方，视野开阔，海拔也比市区高。在这里看看月亮，看看星星，会使人心情愉悦，把一天的烦恼忘却。在夏季，我一个礼拜最少要来两次，在天气良好的情况下，我就带着家人一起仰望星空，一起了解天文知识。

无名英雄纪念广场建成之后，我们常常站在无名英雄纪念广场上，将美丽的北京城尽收眼底。

于是，我设计了“月上京城”这一课程，目的是让大家了解天文知识，并在炎热的夏季让大家走出空调房，感觉大自然带给我们的美丽和震撼！

植物园里春天的足迹在哪里?

——北京植物园的地理和生物学考察

方重枝

活动路线图

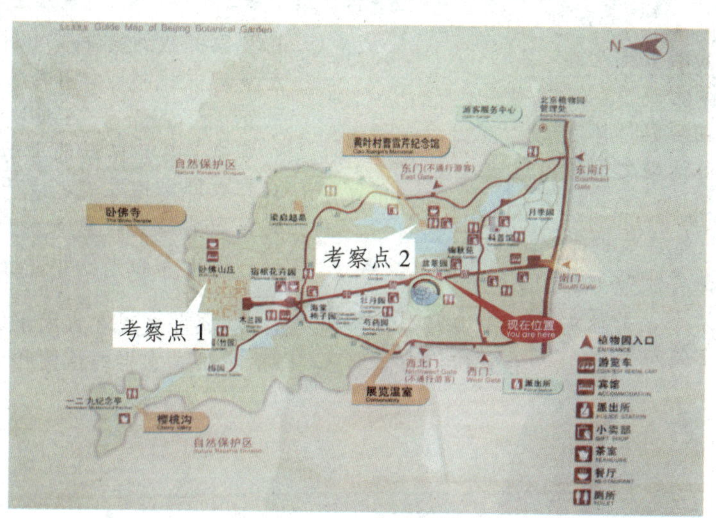

图 1　主要考察点

活动特色

北京植物园占地面积约400万平方米，栽培了10000多种植物，是我国北方最大的植物园，也是专门从事植物引种驯化理论研究和实验的科研基地。这里自然环境优美、生态系统良好，在这里寻找春天再合适不过了。

有一首歌叫《春天在哪里》，歌词中唱道：“春天在山林里、在湖水里、在小朋友的眼睛里。”春天在大自然里，而我们在春天里。

春天的风拥抱着我们，春天的大地支撑着我们，春天的阳光温暖着我们。瞧，新生的植物在向我们招手，可爱的动物们开始“下床”找玩伴了。

春天来了，你感受到了吗？这些动植物的变化，你看见了吗？

就让我们走进北京植物园，去寻找春天的足迹吧！

活动目标

总目标	活动地点	分点活动目标
1. 了解春天的节气及春天划分的标准 2. 通过仔细观察，体会环境与生命活动之间的联系 3. 增强与大自然的联系，激发热爱生命、热爱生活的情感，丰富关于春天的相关知识	1. 从南门或东南门到卧佛寺西侧外墙	1. 观察并找到发芽或吐新叶的树 2. 观察并找到即将开放或正在开放的花 3. 观察并找出活动的小动物 4. 观察并发现春天土壤的特征 5. 动用多种感官感受春天的风、温度、湿度和阳光，并进行表达
	2. 北京植物园展览温室前的南面湖区	1. 观察并发现春天湖水的特征 2. 观察湖水里的植物和动物

活动准备

1. 准备物品：手机（可打电话，有指南针，可照相，有充足的流量）、温度计、湿度计、笔、小型记录本、饮用水、雨伞、双肩包等。

2. 提前在手机里安装好高德地图（或百度地图）、微信、识花软件。

3. 活动中仔细观察，注意记录并拍照，根据任务单完成相应的实践活动。

4. 安全事项：文明观赏，不要随意摘取园中的花朵；不要随意食用、触摸不了解的植物，以免受到伤害；不要下水，在水边时注意观察脚下石头是否打滑、泥土是否能承受自身重量等。

实践活动设计

行前学习任务

请查阅资料自主学习。

1. 春天被划分为哪三个时段？

2. 春天的三个时段和哪些节气是对应的？

行中学习任务

考察点1：陆地上的春天

由南门或东南门进入植物园，拍摄导览图并按照导览图的指示找到卧佛寺，并找到终点——卧佛寺西侧外墙（如图2所示），设计一条从出发点到终点且不经过水边的路线。

图2　卧佛寺西侧外墙

1. 有哪些发芽的植物？

这条路线上，你看到有哪些植物正在发芽或者长出了新叶？借助APP软件，列出10种左右，把自己看到的正在发芽或者长出新叶的植物拍下来，记录名字和发现地点。

表1　发芽植物登记表

发芽的植物						
发现地点						
长出新叶的植物						
发现地点						

2. 有哪些开放的花?

这条路线上有哪些花正含苞待放或者正在开放?借助APP软件，列出10种左右，把自己所看到的不同种类的花或者花蕾拍下来，记录名称和发现地点。

表2　开花植物登记表

含苞待放的花						
发现地点						
正在开放的花						
发现地点						

3. 有哪些小动物?

在这条路线上，你遇到了哪些小动物?记录下尽可能多的动物名称及发现地点，把自己所看到的小动物拍下来，注意不要触摸它们。

表3　动物登记表

动物名称									
发现地点									

4. 泥土有什么特点?

在这条路线上，请仔细观察春季泥土的特点，并查阅冬季泥土的特点，记录于表4中。

表4　不同季节泥土特点表

泥土特点	
春季	冬季

5. 不同地方的温度和湿度是多少?

在这条路线上，借助温度计和湿度计，测试空气中、泥土附近、春花附近的温度和湿度，填入表5中。

表5　各处温、湿度统计表

	温度	湿度
空气中		
泥土附近		
春花附近		

6. 春天的风和太阳给人的感觉是什么？

感受此时风吹和日晒带给人的感觉，用成语（至少5个）或古诗词（至少5句）描述一下春天的感觉，填入表6中。

表6　成语或古诗词摘录表

成语					

	名称	作者	诗句/典故
古诗词			

考察点2：水里的春天

从卧佛寺返回，在地图上找到北京植物园展览温室前的南面湖区。

图3　南面湖区

7. 水面是怎样的?

观察此时的水面和冬天的水面有什么不同，记录此时水面的特征并测量此时水的温度。学生可以用成语或诗句来形容。

8. 水里有什么?

观察水里有什么植物和动物，拍照并记录你观察到的内容。

行后学习任务

查找资料，想一想在这次活动中，你看到的温度、湿度、泥土的状态等环境与观察到的动植物现象有什么关系？你所观察到的植物和动物之间有没有什么关系？

学习素材

行前学习素材

1. 早春、仲春、暮春。

早春：一般在阳历2月（2月初至3月初）。

仲春：早春之后阳历3月为仲春（3月初至4月初）。

暮春：阳历4月中下旬至5月上旬为暮春。

如果按农历算，就是农历正月至三月。早春 、仲春、暮春的划分，一般以春季的第一个月为早春，第二个月为仲春，第三个月为春天的最后一个月，称为暮春。

2. 早春一般是指从立春到惊蛰两个节气之间的这一段时间。仲春就是惊蛰到清明时节，暮春是从清明起到立夏止。所以春天所包含的节气有立春、雨水、惊蛰、春分、清明、谷雨。

行中学习素材

1. 槐树、柳树、榆树、马褂木、栾树、泡桐、法国梧桐、枫树、银杏、椿树、柏树、杨树等。学生按实际观察结果填写即可。

2. 樱桃花、桃花、李花、梨花、海棠花、梅花、玉兰花、郁金香、风信子、丁香花、泡桐花、栾树花、迎春花、二月兰、鸢尾花、马蹄莲、金盏菊等。学生按实际观察结果填写即可。

3. 蜗牛、蜜蜂、蝴蝶、蚂蚁、瓢虫、蚜虫、苍蝇、蚯蚓、百足虫、燕子等。学生按实际观察结果填写即可。

4.

表 4　不同季节泥土特点表

泥土特点	
春天	冬天
解冻、软、湿、松、凉	被冻住、硬、脆、干、冷

5. 答案略。学生按实际观察结果填写即可。

6. 成语：春光乍泄、 春风和气、春光明媚、春暖花开、春风送暖、春风得意、春风骀荡……

诗句：

日出江花红胜火，春来江水绿如蓝。（唐·白居易《忆江南》）

迟日江山丽，春风花草香。（唐·杜甫《绝句》）

不知细叶谁裁出，二月春风似剪刀。（唐·贺知章《咏柳》）

春风又绿江南岸，明月何时照我还。（宋·王安石《泊船瓜洲》）

7. 水面特征：水平如镜、风平浪静、波光粼粼、明丽如镜、湖光潋滟。

水温：大于0℃。

诗句：

竹外桃花三两枝，春江水暖鸭先知。（宋·苏轼《惠崇春江晚景》）

春江潮水连海平，海上明月共潮生。（唐·张若虚《春江花月夜》）

山桃红花满上头，蜀江春水拍山流。（唐·刘禹锡《竹枝词·山桃红花满上头》）

长堤春水绿悠悠，畎入漳河一道流。（唐·王之涣《宴词》）

8. 水里的动植物：各种鱼、小鱼苗、蝌蚪、水草等。

行后学习任务

春天来临，气温上升，泥土解冻，湿度增加，泥土里的蚯蚓、百足虫、蚂蚁等小动物爬到地面上玩耍，还有些动物从冬眠中苏醒过来，呼吸春天里的新鲜空气。燕子从南方归来参加春天的聚会。与此同时，樱桃花、桃花、李花、梨花、海棠花等在适合它们的温度和湿度里发芽，长出花苞并开放。它们吸引着蜜蜂、蝴蝶翩翩起舞。春天叫醒了大自然中各种动物和植物。各种动物和植物在大自然中共存共生。

课程故事

北京的冬天给我的感觉是萧瑟、干枯、灰蒙蒙。于是，蛰居在冬天里的我，常常盼望春天早点到来。

我会唱着“数九歌谣”来计算春天到来的时间；会通过风儿吹在脸上的感觉来感受春天的气息还有多远；会根据观察冬眠动物们醒来的迹象寻找春天的足迹；也会通过留意树枝上的绿芽或花苞去寻觅春天的踪影。

不仅我会这样做，学生们在我的带动下也会这样做。

我似乎在唱着、观察着、感受着的过程中，和春天有了一个约定。这个约定让我对春天有了特殊的情感。这情感让我的生活和生命生动起来，充满了乐趣。学生们也充满了热情，我能感觉到他们对生活、对生命的热爱。能激发生命力和乐趣的事情，我愿意不遗余力地去做，于是我选择了“春天在哪里”这个课题。

看到这个课题，《春天在哪里》这首童谣立刻响彻心间。

“春天在哪里呀？春天在哪里？春天在那青翠的山林里。这里有红花呀，这里有绿草，还有那会唱歌的小黄鹂。”

“春天在哪里呀？春天在哪里？春天在那湖水的倒影里，映出红的花呀，映出绿的草，还有那会唱歌的小黄鹂。”

在孩子小的时候，我就喜欢带着他在大自然里找春天。我把这首歌进行了改编：“春天在哪里呀？春天在哪里？春天就在盛开的迎春花儿里，春天就在宝宝的笑脸上，春天就在妈妈的疼爱里。”看着红花绿草，吹着温暖的春风，听着贴近自己生活的歌谣，孩子的心里充满了喜悦。

这份喜悦应该会伴随孩子一生，如同成年之后的我，依然欣喜地在每一个冬天与春天有个约定一样。

于是我想到了无论是几岁的孩童还是十几岁的青少年，抑或是如我一样的成年人，都可以到大自然里去寻找春天。一方面，重温童趣；另一方面，加强自己与大自然的联系，同时还能增长知识，提升观察能力和思考能力。

目标已经定好，下一步，去哪里寻找春天呢？要组织学生们去寻找春天，需要一个相对安全的环境，于是，我想到了北京植物园。那里动植物种类颇多，空间开阔，不仅适合学生们自由观察，在安全方面也有保障。

如何寻找春天呢？我从童谣里得到了启发，从实际经验中寻找到了答案。根据这两点，我设计出了这节课。

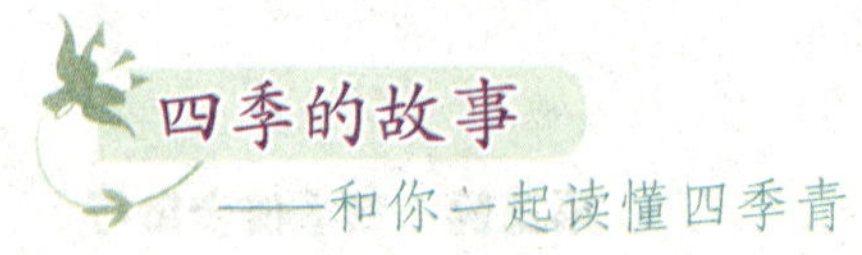

漫步植物园，春花“迷人眼”吗？

——北京植物园春花辨识的植物学考察

张一晨

活动路线图

图 1　主要考察点

活动特色

春天是个百花盛开的季节，坐落在北京海淀区四季青的北京植物园也变成了一片花的海洋，桃花、杏花、李子花、樱花、迎春花、连翘、榆叶梅、紫花地丁、二月兰等，百花齐放，争奇斗艳。来到植物园中，每个人都会被这花的海洋所吸引。在观赏和游玩的同时，你是否想知道这些花的名字和特点呢？那就快来参加“辨识春花”之旅吧！

建议活动时间：每年4月。

活动目标

总目标	活动地点	分点活动目标
1. 知道花的基本结构 2. 辨识北京植物园内的春花。主要区分、辨识的植物： （1）桃花和榆叶梅 （2）迎春花和连翘 （3）紫花地丁和二月兰 3. 小组自行设计活动路线，观赏植物园的春花	1. 从东南门到曹雪芹纪念馆的路上（绚秋园附近）	辨识迎春花和连翘
	2. 曹雪芹纪念馆附近	辨识紫花地丁和二月兰
	3. 碧桃园	辨识桃花和榆叶梅
	4. 植物园各处	欣赏春花，感受春天的美，并将所看、所思、所想用自己喜欢的形式记录下来

活动准备

1. 准备物品：可以带上写生板、画笔、水、防晒用品、防蚊用品。

2. 人员分组：可按照学习小组进行分组，每组2～4人为宜。

3. 安全事项：不随意采摘植物，不触碰不知名植物（尤其是颜色鲜艳的植物），以防中毒。注意安全，避免落水。

实践活动设计

行前学习任务

认识花朵的外部结构。

一朵花我们看得见的部分（见图2），通常包括花瓣、花萼、花托、花柄、雄蕊和雌蕊这6个部分。

图2　花朵的外部结构

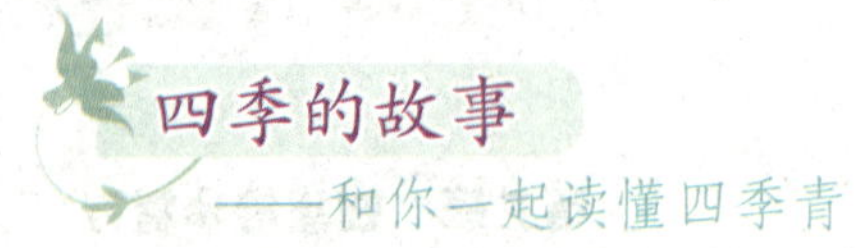

行中学习任务

考察点1：从东南门到曹雪芹纪念馆的路上（绚秋园附近）

人们最早感受到春的气息就是通过金灿灿的迎春花。你分得清迎春花和连翘吗？下面，就让我们一起来看一看：

1. 仔细观察下面这两种花，你能看出相同和不同之处吗？把你观察到的填在下面的表1中吧。

表1　不同花的特点统计表（1）

	迎春花	连翘
比较		
相同之处		
不同之处		

考察点2：曹雪芹纪念馆附近

同学们，近两年在春天的北京经常会见到成片的紫色小花。你想知道它们是什么花吗？植物园里也有哦！

2. 请你找找看，植物园中一共有几种紫色小花呢？它们分别是什么样的？请你在下面的表格中画出花形并简单描述一下特点。

表2　不同花的特点统计表（2）

	紫色小花1	紫色小花2
画一画		
特点描述		
花的名称		

考察点3：碧桃园

3. 到现在为止，相信你已经可以成功地分辨出迎春花和连翘、紫花地丁和二月兰啦！下面，让我们来挑战更有难度的桃花和榆叶梅吧！哪朵花是桃花？哪朵花是榆叶梅？

表3　不同花的特点统计表（3）

	花3	花4
比较		
花朵名称		
判断依据		

考察点4：植物园各处

4. 同学们，你已经初步认识了一些春花，请你在纸上画出你最喜欢的春花吧。请一边仔细观察一边画。可以在画完后让小伙伴们猜一猜你画的是什么花。

行后学习任务

同学们，通过在植物园中的学习，相信你已经对不少相似的春花有了一定的了解，你可以进一步对小区或公园中的春花进行辨识，看看它们都是什么花。如果遇到困难，也可以借助书籍或网络进行进一步查阅和学习。

学习素材

行中学习素材

1.

表1　不同花的特点统计表（1）

	迎春花	连翘
比较		
相同之处	1. 都开黄色的花 2. 都是灌木	
不同之处	1. 花瓣为6瓣，花朵朝上面生长 2. 枝条是绿色的，朝下伸展生长，枝条下垂 3. 整体较低矮	1. 花瓣为4瓣，花朵朝下面生长 2. 枝条是干枯色的，向四面伸展生长 3. 整体较高大

2.

表2　不同花的特点统计表（2）

	紫色小花1	紫色小花2
画一画		
特点描述	植株较为低矮，叶子在根部。花中等大，浅紫色或淡紫色，喉部颜色较淡并带有紫色条纹，花梗多数细弱，与叶片等长或高于叶片	植株10~50厘米，比紫花地丁高。花紫色，直径2~4厘米，花萼筒状，紫色，花瓣宽，倒卵形
花的名称	紫花地丁	二月兰

3.

表3　不同花的特点统计表（3）

	花3	花4
比较		
花朵名称	桃花	榆叶梅
判断依据	桃花叶片窄长，呈椭圆状披针形，像对着的柳叶，光滑油亮	榆叶梅的叶片宽椭，呈圆形至倒卵形，叶脉比较明显，有绒毛，不光滑

4. 答案略。

课程故事

北京是个四季分明的城市，春夏秋冬都各有特色。每到春天，各种各样的花在城市的各个角落竞相开放，北京植物园中更是繁花似锦、赏心悦目。孩子们非常喜欢花，经常会问我这是什么花、那是什么花。每当知道一种花的名字后，他们都特别兴奋。不过我发现，孩子们在辨识春花的时候，经常是通过花的颜色和外形来辨认的，常常会认错一些长得非常像的花。在春天，漫步植物园中，真的是“乱花渐欲迷人眼”，这正是辨识春花最好的时间。

植物园中的春花种类繁多，想要完全辨识有一定的难度，所以我只设计了6种较为简单和常见的春花作为课程的内容，希望学生能够辨识出常见的容易混淆的春花。辨识春花的第一步就是了解花的结构，学生见过非常多的花，已经对花有了一定的了解，可以在学校帮助学生进行总结，找出花的共性，认识花的基本结构，这样在户外教学的时候便可以更加清楚地引导学生进行观察，节省沟通的时间。

在课程设计的最初，我本来想让学生自己去发现一些长得相似的花，拍下来之后再一起讨论和辨认。但是，学生最开始的观察没有什么目的性，容易导致精力不集中。所以我决定先从迎春花和连翘的辨识开始，引导学生发现原来都开着黄色的小花的植物也有不同，这样可以迅速地引导学生开始注意花朵的不同之处，进入观察和学习的状态。

当激发起学生的学习兴趣后，不妨让学生自主去观察和寻找紫色小花的不同，锻炼学生观察能力，可以更好地引导学生注意除了花朵之外植株也有不同，慢慢引导学生关注植物的整体，而不单单只关注花朵。

最后，可以带着学生辨识更有难度的花朵，如桃、李、杏、梅的花的不同，根据学生的水平和掌握程度灵活进行，以激发学生的学习兴趣为主要目的，让学生能够清楚地辨认花朵，而不是发现越多越辨认不清，这样可以更好地激发学生自主学习的兴趣。

樱桃沟里的树想和我们说什么悄悄话？

——北京植物园樱桃沟植物的综合考察

方重枝

活动路线图

图 1　主要考察点

活动特色

人类是大自然的一部分，身体里天然存有与大自然遥相呼应的脉动。那么，如何找到和大自然同频共振的切入点呢？就让我们从如何听懂一棵树说话开始吧！

在茂密的大森林里，有的树突然感到虫咬刺痛，它就会立刻提醒旁边的伙伴——提防虫子。有的树在被伤害时会释放毒素，同时，它的同伴们也会争先恐后地释放出毒素。树的这些表现让我们不禁纳闷：它们之间是怎样进行交流的呢？

现在，就让我们一起走进北京植物园的樱桃沟，投入到大自然妈妈的怀抱里，拜访那些与我们休戚相关但久未联系的伙伴——多姿多彩的树朋友们吧！

活动目标

总目标	活动点	分点活动目标
1. 查看地图，明确路线，以最快的时间到达目的地	1. 北京植物园正门	从导览图中找到四个考察点，根据路标指示的距离，测算自己的步行速度，计算到达终点的时间。培养解决问题的能力
2. 选择一棵树，运用感官，尽可能细致地感受这棵树的相关信息，建立与这棵树的深度连接	2. 樱桃沟	选择一棵树，细致感受这棵树的信息：外形特点、高度、年龄、气味、“心跳”“呼吸”“交友情况”，通过换位写信的方式把这棵树想说的话表达出来
3. 运用树名识别APP，或者树上挂的名牌，了解返回途中不同种类的树名	3. 返回途中自选观赏路线	从细致了解一棵树到了解更多的树，拓宽对生命认同的范围，激发好奇心及对大自然的热爱之情

活动准备

1. 准备物品：手机（下载好GPS、树名识别APP、轻音乐）、雨伞、眼罩、饮用水、驱蚊液、运动鞋，有条件的同学可以带上听诊器等。

2. 在活动中注意保持安静，做好所选择的树的记号，跟随指导教师设置的步骤完成相关的体验。

3. 安全事项：不要随意摘取路边的花朵，不要食用或触碰不知名的植物，以防中毒。

实践活动设计

行前学习任务

查阅资料了解樱桃沟有哪些名字和形成原因。

行中学习任务

考察点1：北京植物园正门

1. 进入公园正门后，在右侧公园导览图附近停留，从导览图中找到四个考察点，根据路标指示的距离，测算自己的步行速度，计算到达终点的时间。（要求在规定的时间内到达）

考察点2：樱桃沟的水杉

可以选择从温室展厅向前的路线（中轴线或西环线）或从曹雪芹纪念馆向前的路线（东环线），在卧佛寺正门处汇合，从左手边西侧门出去，继续西行，到达樱桃沟。

图 2　植物园樱桃沟

2. 整体了解樱桃沟的树：从进入口出发，实地走一遍樱桃沟，粗略观察樱桃沟有______种树。它们的名字可能是______、______、______、______、______。

3. 寻找一棵最有感觉的树，可能是水杉，也可能是其他任意一棵你有感觉的树。两人一组，轮流体验。两人一起去寻找让自己最有感觉的那棵树，并做好记号。然后一人当“盲人”（戴上眼罩），一人当引导者。引导者负责“盲人”的安全，引导“盲人”去触摸这棵树，帮助他全面感觉这棵树（时间15~20分钟）。引导者尽可能保持安静。“盲人”用自己的方法去感受这棵树的形状、高度、年龄、气味、“心跳”“呼吸”“交友情况”等信息。

引导者请注意：这棵树的“交友情况”指的是这棵树身上的藤蔓等寄生植物等。请你拉着“盲人”同伴的手去感受它们。在感受之前，引导者需要确保这个动作是安全的。如果拿不准，请先请示指导教师。另外，引导者需要把“盲人”伙伴体验的过程用手机记录下来，并帮助他在选择的这棵树上或树的周围做好明显但又不伤害这棵树的标记，便于他一会儿回来能准确找到它。

4. 感觉这棵树说的话：把自己想象成这棵树，站成你感受到的这棵树的形状，想象自己的高度、年龄、气味、“心跳”“呼吸”“交友情况”等信息与这棵树一致，想象你的引导者就是你本人，站在你面前正在仔细了解你。请你对他说你为什么会在这里。如果说不出口，就记住这些话，在下一个环节规定的时间里写在信纸上。

5. 开口说话的树：由引导者带领“盲人”伙伴返回进入口。“盲人”摘掉眼罩，去找刚才自己选择的那棵树。然后靠在这棵树上，用15分钟左右的时间写下在上一个环节里想说的话，并完成表1和表2。

注意：如果找不到这棵树，由引导者告诉他。

表1　树的真情告白表

“我”——树的真情告白
我是一棵__________树，我在樱桃沟生长了________年……

表2　感觉器官统计表

所用的感觉器官	感受树的哪个部分	感受的结果

考察点3：自选从樱桃沟回南门的观赏路线，并选择几种树进行外形观察

6. 返回途中，运用树名识别APP或者树上的名牌，了解不同种类的树名，粗略观察各种树的形状、高度、年龄，和它们打声招呼后填写表3。

注意：不要触摸树和其他植物，除非你认识这种植物，并清楚它没有毒，确保不会伤害我们的身体。

表3　不同树种统计表

树名	形状（可描述、可描画）	树的高度	树的年龄	你对它的印象

行后学习任务

请以《假如我是一棵树》为题写一篇作文。

学习素材

行前学习素材

樱桃沟位于卧佛寺西北，也叫植物园樱桃沟，是两山所夹的溪涧，明代于山涧两旁遍植樱桃树，因而得名。樱桃沟又名退谷、周家花园。

明末清初，曾有一位叫孙承泽的文人，于明代末年考取进士后在朝廷做官。当时的明朝国力衰微、大厦将倾，各地的农民起义风起云涌，关外的后金屡屡进犯。最终，于崇祯十七年彻底土崩瓦解。李自成占领北京城后，开始了大顺王朝的短暂统治。明朝的进士孙承泽在大顺政权中担任四川防御使。关外风云突变，吴三桂打开山海关让多尔衮部队入关，大顺王朝很快灭亡，清帝国开始称霸中原。孙承泽又于顺治年间来到清廷供职，在供职期间，他并没有实现自己的政治抱负，再加上几经动荡，备尝艰辛，最终心灰意冷，辞官隐退，告别了失意的宦海生涯。

辞官之后，孙承泽选择了到遥远偏僻的香山隐居，即现在北京植物园里的樱桃沟。他在这里筑造别墅，修造“退翁亭”，自号退翁，又号退谷、退谷逸叟、退谷老人等。从此，他不问政事，吟诗赏画，以文会友，著书立说，开始了山林隐逸的文人学者生活。因此，这条樱桃沟又名退谷。

介绍完孙承泽和因他而命名的“退谷”，再来看看“周家花园”这个名字。这个名字很容易让人想到和姓周的名人有关。对，这个人的名字叫周肇祥。周肇祥是清末举人、北洋政府官员，他和孙承泽很相似，也是处于时代更迭时期的文人，同样工诗文，精鉴藏，通文史，晚年潜心金石书画。民国初年，周肇祥见樱

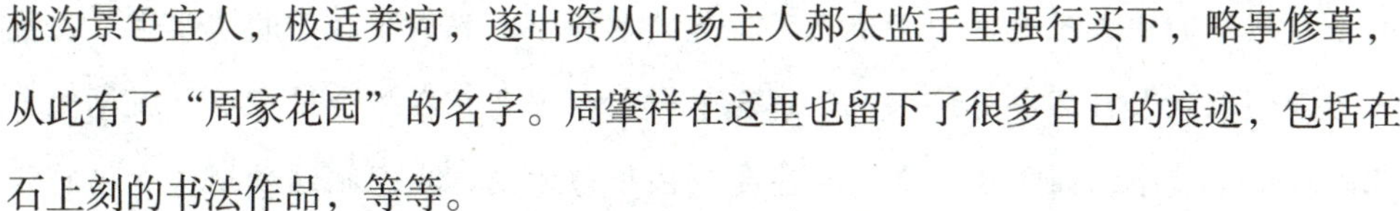
桃沟景色宜人，极适养疴，遂出资从山场主人郝太监手里强行买下，略事修葺，从此有了“周家花园”的名字。周肇祥在这里也留下了很多自己的痕迹，包括在石上刻的书法作品，等等。

行中学习素材

1. 中轴路线、西环线、东环线，其中中轴线1750米，走路用时30分钟左右。

2. 至少列举五种树，核桃树、水杉、樱桃、松树、柏树、白杨树……

3 ~ 6. 答案略。

课程故事

每年的夏天，我都会带学生去好朋友的农场体验生活。翻开红薯藤时，他们会因为见到虫子而尖叫；挑选玉米时，他们会因为见到玉米上枯腐的叶子而嫌弃；拔草时，他们会因怕脏而不愿走进田地里……一年一年，我感觉现在的孩子们离大自然越来越远了。

我的童年是在大自然的怀抱里度过的，与大自然亲密接触所储存的能量使我在成年后，能有效地缓解各种压力。因而，我深知与大自然接触并产生深入的连接后对一个人的成长具有着怎样的重要意义。

参加工作后，坐我旁边的恰好是位生物老师，在她的引领下，我知道了很多关于校园里的树的故事。每每饭后散步，她都会兴致勃勃地给我介绍每种树的名称、大多数树没有性别之分以及它们“说话”的方式，每次我都听得津津有味，并且感觉到在与这些树的连接中产生了幸福感。

如今，我的孩子已经9岁了，像每一个普通且平凡的家长一样，我十分关注他成长的动向。我发现，他天生与大自然有比较好的连接能力。在大自然中，他总是放松的、开心的。在他身上，我仿佛看到了那种重回大自然怀抱时如同回家一般的欣喜。我想，这应该是因为我们原本就是大自然的一部分吧。与大自然的关系，孩子们比成人更近。于是我不再是“老师”，我成了孩子的“学生”，被孩子带领着到大自然中更详细地了解花草树木和虫鸟。在这个过程中，我感觉自己的心变得纯净、简单了，更容易感受到快乐与幸福。我想把这种创造幸福的能力在学生心中激活。

现在学生的大量时间被课本知识、作业、课外班霸占。再有一点时间，便会被电子游戏、网络吸引走。与大自然亲密接触的时间越来越少，他们的感知能力越来越弱，对幸福的感知能力越来越依赖人工物质化的东西，人也越来越走向异化了。我想履行作为一名教师的使命，不仅仅要教授学生知识，还应尽可能地带学生走向大自然，走向清静的樱桃沟，暂离喧嚣的都市，回归心灵深处，唤醒自己的感知功能，激发创新能力，收获幸福。

选择这个题目之后，我进行了初步的设计，然后带着四个学生进行了实地考察和体验。正如预料的那样，他们很开心，不断带给我惊喜。

樱桃沟的一切让学生们十分陶醉，他们不再害怕地上突然钻出的蚯蚓，不再害怕树林里风掠过树叶时哗哗作响的声音，不再害怕触摸植物会弄脏自己的小手，不经意间，他们爱上了这里。更近距离地感受大自然，多一种和其他生灵交流的能力，这种美好的、愉快的、有深度的“连接”和思考正是我渴望通过对樱桃沟的综合考察带给学生们的。

第四篇
四季文化浸润

北京植物园的月季花有“前世今生”的故事吗？

——北京植物园月季园的文化考察

毕虹翠

活动路线图

图 1　主要考察点

活动特色

月季，是我们生活中常见的蔷薇属蔷薇科植物，它高雅典丽、种类繁多，素有“花中皇后”的美称。1987年，北京市将其定为首都市花。如今，它更是时时处处在为我们的城市增添亮色。瞧，公园里、道路旁，或一枝独秀，或一簇绰约，那娇艳摇曳的身姿常让我们驻足惊叹；花店里，它是妩媚的“玫瑰”，或“窈窕淑女，君子好逑”，或一生一世、天长地久，真挚美好的祝福让世间多了浪漫与温馨。美丽的花儿总有很多不常与人道说的故事，比如：它从何处来？曾到哪里去？有过哪些耐人寻味的经历……

月季，始于中国，明清时代开始被欧美国家大量引种，当时，为了珍贵的中国月季种苗，正在交战的英法两国最终达成默契，暂时停战以保证运花货船顺利通过。如今，欧洲的月季花圃中仍然保留着大量的中国古老月季，其数量远多于我国。

在明清以后，由于战火和局势动荡，我国本土的月季日渐凋零，只有少数存活于颓败的庭院中。中华人民共和国成立后，在无数月季人的不懈努力下，我国的月季又重新迎来了春天，并于20世纪70年代末进入了快速发展期。

2003年，北京植物园开辟专区，建成一个“中澳友谊月季园”。里面种植的是澳大利亚月季专家劳瑞·纽曼捐献的，他毕生搜集到的200多种珍贵的古老月季品种，这些品种被划分为中国月季系列和法国蔷薇系列等十几个类群。

2006年，适逢联合国成立60周年，北京植物园又辟地2000平方米，建成了“和平月季园”。

如今，月季已经从“古代月季”发展到了“现代月季”，其前世今生的不凡经历中有很多耐人寻味的故事值得我们去探究，去思索。现在，就让我们一起走进北京植物园月季园，去探寻月季背后鲜为人知的精彩故事吧!

活动目标

总目标	活动点	分点活动目标
1. 通过实地观察，了解北京植物园月季园月季大道的设计特点 2. 通过历史故事、现当代事件了解月季花的发展历程、应用价值及其文化内涵	1. 月季大道	通过观察月季大道的远景和近景，总结出它“中西合璧”的园林设计特点
	2. 中澳友谊月季园中的中国月季专区	根据中国月季的开花时间和荣衰经历，理解它背后的丰富含义
	3. 和平月季园	1. 通过对比中国月季和杂交茶香月季以及丰花月季的枝、叶等，了解古代月季和现代月季的区别 2. 通过课前阅读和实地观察，了解和平月季在国际上的意义

活动准备

1.准备物品：公交卡、遮阳伞、饮用水、驱蚊液等。

2.活动中请仔细观察，跟随指导教师或同伴完成相关问题。

3.安全事项：不要随意摘取路边的花朵，不要食用或触碰不知名的植物，以防中毒。

4.建议活动时间：每年5、6月。

实践活动设计

行前学习任务

1. 上课时，请准备《红楼梦》第十七回“大观园试才题对额，荣国府归省庆元宵”的内容，重点是元春省亲的部分，可以带书或者复印重点部分。

2. 上课时，请携带1元、5元、10元和100元的纸币。

行中学习任务

考察点1：月季大道

你可以从南门或者东南门进入北京植物园，找到导览图，按照导览图的指示找到月季园。

1. 我选择从北京植物园的______门进，走了______米到达月季园里的月季大道，我选择从这个门进的原因是__________________。

2. 连接月季园主入口和主景雕塑的月季大道采用了“中西合璧”的园林设计特点：置身其中，向东、向西望去，玉泉山白塔、香山香炉峰尽收眼底，这是运用了我国传统园林建造的______手法。整体看去，路在月季花圃的两侧，这是采用了西方园林的______方式。

考察点2：中澳友谊月季园中的中国月季专区

3. 从月季园主入口向右拐可见中澳友谊月季园（图2），沿着它南边的路向东走150米，在路北可以见到中国月季专区（图3）。1768年，来自中国的“月月红”“月月粉”“淡黄香水月季”“彩晕香水月季”给欧洲花园带去了惊喜。在这个专区，你能见到这4个品种里面的哪几个？

图2　中澳友谊月季园　　　图3　中国月季专区

4. 为什么中国月季专区的月季有很多只见英文名，不见中文名？

5. “月季”一名，始见于宋代。根据下面的诗歌判断，宋代的月季是在哪个季节开花。

“只道花无十日红，此花无日不春风。”（杨万里《腊前月季》）

“月季只应天上物，四时荣谢色常同。”（张耒《月季》）

6. 在我国民俗文化中，因月季开花时间的特点，赋予了它“四季长春”“万代长春”的美好寓意。明成化皇帝曾赐予万贵妃一个斗彩鸡缸杯（见图4），上绘有月季和山石，月季花开三朵，枝梢间还有一枚红色的果实。猜猜看，成化皇帝想通过这个鸡缸杯上的月季花向万贵妃传递__________和__________的信息。

参考资料：成化皇帝即位前并不得志，落魄之时，一个姓万的丫鬟对他不离不弃，二人互生情愫。成化皇帝即位后，不忘旧情，封她为万贵妃。万贵妃中年得子，不幸孩子早夭，于是她性情大变，但凡有嫔妃怀孕，她就立刻

图4　仿明成化斗彩鸡缸杯

加害，以致成化皇帝一直没有后代。

7. 2008年，北京奥运会的吉祥花卉是______，这是我国拥有完全自主知识产权的新品种“中国红”。你觉得我国选此花的象征意义是________和________。

8. 我们________元的人民币上有月季花的设计图案。你还曾在哪些地方、物品或建筑物上见过带有月季花的设计图案。

A. 1元　　B. 5元　　C. 10元　　D. 100元

9. 请用手机拍摄几张中国古老月季的代表——“月月粉”（图5）的花、叶和枝条的图片，以备到考察点3后使用。

图5　月月粉

考察点3：和平月季园

10. 从中国月季专区到和平月季园的途中，路南边有一块大石头，上面刻有宋代徐积的一首诗（图6），通过这首诗猜一猜，在宋代月季花的另一个名字是________________。

图 6 宋代徐积的《长春花（其一）》石刻

11.在和平月季园（图7）中，根据提示牌，我们发现，这里面最多的两个月季类型是____________________和____________________。

图 7 和平月季园

1867年，法国月季育种家将杂种长春月季与中国月季、茶香月季反复杂交、回交，终于培育出具有划时代意义的新品种——杂交茶香月季，此花具有色彩丰富、花量巨大、耐寒性强等诸多优势。于是，国际园艺界将1867年以前的月季品种统称为“古老月季”，1867年以后的月季品种统称为“现代月季”。下面请将中国古老月季的代表——“月月粉”和现代月季的代表——“杂交茶香月季”进行比较，任选三个方面，填写在表1中。

表1　月季特点统计表

	叶片有无光泽	叶片形状	皮刺多少	叶脉有无凹陷	枝条软硬度	色彩丰富度
月月粉						
杂交茶香月季						

12.在中国，月季花不仅具有观赏价值，在其他领域也有很多应用价值，如《红楼梦》中就曾提到过三次：

第一次是在第十七回中，贾府上下迎接元妃省亲的场面，从“至十五日五鼓……静悄无人咳嗽”。

第二次是在本回结尾，元妃省亲赏赐贾母的描写中。

第三次是在第五十六回：“怡红院别说别的，单只说春夏天一季玫瑰花，共下多少花？还有一带篱笆上蔷薇、月季、宝相、金银藤，单这没要紧的草花干了，卖到茶叶铺药铺去，也值几个钱。”

这三次对月季花的描写，分别体现了它在________、________和________三个领域里的应用价值。

行后学习任务

请结合在“行前学习任务”中找到的阅读资料和在本次实践活动中的收获，任意完成下面三个任务中的一个。

1. 写一写。月季花前世今生的故事中有很多让人感慨的地方，比如：它荣衰的经历，与国家命运、世界和平的关系，等等，请任选一个角度将自己的想法以歌词的形式呈现出来，并配上乐。可以在现有歌曲的基础上进行改编。

2. 画一画。请结合月季花的寓意，为某个领域设计一个带有月季花图案的作品，并配有两三句简练的话以阐述其深意。月季花构图有写实、简化和夸张三种方式。

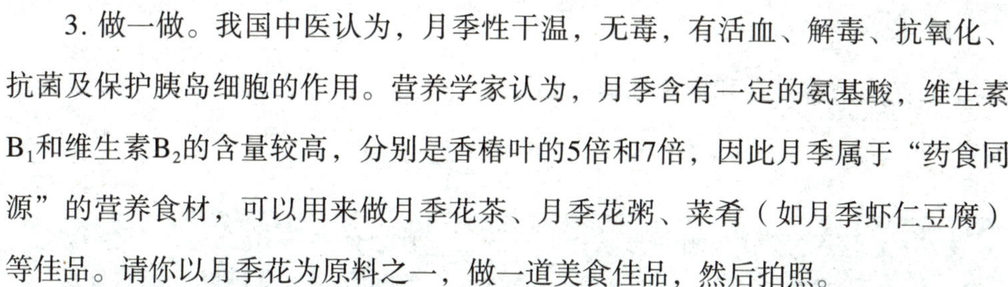

3. 做一做。我国中医认为，月季性干温，无毒，有活血、解毒、抗氧化、抗菌及保护胰岛细胞的作用。营养学家认为，月季含有一定的氨基酸，维生素B_1和维生素B_2的含量较高，分别是香椿叶的5倍和7倍，因此月季属于“药食同源”的营养食材，可以用来做月季花茶、月季花粥、菜肴（如月季虾仁豆腐）等佳品。请你以月季花为原料之一，做一道美食佳品，然后拍照。

学习素材

行中学习素材

1. 学生根据实际情况填写。

2. 借景；轴线对称。

3. 月月红、月月粉。

4. 本土的古老月季很多已经消亡，这些是重新从国外引种回来的中国古老月季，它们当初被引种到欧洲时已经更名改姓，如今已无法获知当初的本名。

5. 四个季节。

6. 结合人物情境、月季四季开花的特点和出现的月季果实，言之有理即可。

示例：祝福万贵妃如四季常开的月季花般容颜常驻，希望她管理的后宫能够子嗣众多。

7. 月季；结合月季衰荣的历史，言之有理即可。

示例：象征着中华民族自强不息的民族精神；象征着中华民族重新崛起，走向世界的光明前景。

8. C；举一个即可，例如：世博园的月季形状的会议中心、丰子恺《蔷薇之刺》、月季花壁纸等。

9. 答案略。

10. 长春花。

11. 杂交茶香月季和丰花月季。

表1　月季特点统计表

	叶片有无光泽	叶片形状	皮刺多少	叶脉有无凹陷	枝条软硬度	色彩丰富度
月月粉	无光泽（发暗）	长椭圆形	少	无凹陷	软	单一
杂交茶香月季	有光泽（光亮）	宽卵形至卵状长圆形	多	有凹陷	硬	多色彩

12. 家居布置（室内布置）、服装和药用。

行后学习素材

月季虾仁豆腐：

原料：豆腐300克，新鲜的月季花瓣20克，虾50克，鲜蘑菇100克，竹笋尖30克，鸡汤、盐、胡椒粉适量。

制作方法：月季花瓣洗净，切粗丝；虾仁洗净，蘑菇、竹笋尖切薄片。将豆腐、竹笋、蘑菇、虾仁、月季花丝和鸡汤共煨，最后以盐和胡椒粉调味即可。

参考资料

赵世伟，陈红岩. 话说月季文化[M]. 北京：中国农业科学技术出版社，2016.

课程故事

月季，是我们生活中常见的蔷薇属蔷薇科植物，它美艳芬芳，生命力顽强，时时处处为我们的城市增添春色。在它面前，我们习惯了驻足赞叹，习惯了用相机留下它的倩影，却很少去思考它的应用价值与文化内涵。赵世伟、陈红岩著的《话说月季文化》为我打开了一扇窗，我想让学生们也领略到这样的美景，所以决定做一个关于月季文化的特色课程。

北京植物园里的月季园，是国内首个获得世界月季联合会认证的“世界杰出月季园”。它总面积有7万平方米，自1993年建园至今，搜集和保存了1500多个月季品种。在园林规划方面，也兼顾了自然和人文，是深入研究月季文化的好地方。

去之前，我先通过网络、书籍搜集了很多关于月季文化的信息。然而这些信息庞杂分散，如何将其合理利用，设计出适合学生们的特色课程呢？我决定先动笔梳理。我把所有的信息又读了一遍，在读的过程中，记录下自己认为重要的文字、页码和出处，然后重新删减、排序，在这个初级阶段，我梳理出了月季的历史演变过程、应用范围和文化价值。确定好大纲后，我决定到北京植物园的月季园进行实地考察。

去的那天，细雨蒙蒙，雨中访花，别有一番情趣。来到月季园的门口，我首先看了看园牌里关于月季花的介绍，然后走到月季大道，虽说是大道，其实也没多么大，它的魅力在于采用了别具匠心的“中西合璧”的园林设计特点。环顾四周，这条大道的左前方是对称式沉床花园，右边是中澳友谊月季园，正前方走下去是和平月季园，三个园中园，应该将哪里作为观察点呢？

对称式沉床花园已经有教师从植物学和生物学的角度考察过，所以我想，最好换一个学生们没考察过的地方。

通过查阅资料，我发现，中澳友谊月季园源于2003年澳大利亚月季专家劳瑞·纽曼的毕生捐赠。北京植物园特为此开辟专区，将全部品种划分为玫瑰系列、中国月季系列、法国蔷薇系列等十多个类群。在这里，我找到了久觅难寻的中国月季。因为月季本始于中国，盛于明清，后传于欧美。清末以后，国内的“古老月季”随着国运日渐凋零。改革开放以来，我国的月季又重新焕发了生机，这些传奇的经历，值得我们去探究、去思考。

考察完中国月季后，我又来到了和平月季园。根据指示牌，我发现，这里的月季类型主要为两类：杂交茶香月季和丰花月季。杂交茶香月季是1867年法国月季育种家培育出来的具有划时代意义的新品种，此花具有色彩丰富、花量巨大、耐寒性强等诸多优势，因此，国际园艺界将1867年以前的月季品种统称为“古老月季”，1867年以后的月季品种统称为“现代月季”。后来，欧美月季育种家们又培育出丰花月季，由此掀起了世界范围内培育这一类型月季的热潮。

和平月季诞生于“二战”中，被称为20世纪最美丽的月季品种，它与人类现代和平的历史紧密相连。

梳理完以上信息后，我突然发现，中澳友谊月季园里的“中国月季”和和平月季园里的“杂交茶香月季”“丰花月季”，正好体现了月季从“古老月季”走向“现代月季”的发展历程，并且通过对这两个地方的考察，还能深挖月季的应用价值和文化价值，再结合月季大道的园林设计特点，三个观察点就此清晰地呈现于我的脑海中。

此时，烟雨已过，阳光重现，当我回看那一片娇艳时，不禁感慨：月季有四时盛放之华姿，华夏有五千年风雨之历程，一个民族与一朵花相濡以沫，携手前行，奇哉，美哉！

曹雪芹小道里蕴含着哪些《红楼梦》故事？

——北京植物园曹雪芹纪念馆的人文考察

李贝贝

活动路线图

图 1　主要考察点

活动特色

曹雪芹的《红楼梦》是我国古代文学的瑰宝，也是中国传统文化的集大成者。小说里面那些结构宏大、个性鲜明的红楼故事并非凭空臆造，而与作者曹雪芹的生活有着千丝万缕的联系。今天，让我们走进北京植物园，从曹雪芹纪念馆到曹雪芹小道，再到水源头，探访“木石前盟”“一僧一道”等诸多艺术形象的现实原型。在这里，我们跨越时空，重温曹雪芹和他的红楼故事；超越文本，感受曹雪芹的心路历程；联系现实，探索、发现时空的变迁及其背后的科学道理……

活动目标

总目标	活动点	分点活动目标
1. 通过探访曹雪芹纪念馆，了解曹雪芹的生活概况 2. 通过游览曹雪芹小道及水源头，探讨《红楼梦》中的艺术形象及原型 3. 通过了解景物、生活的古今变化，分析其原因	1. 北京植物园正门	测量所在位置的经纬度，根据信息判断该地到达曹雪芹纪念馆的方向、距离、时间
	2. 曹雪芹纪念馆	1. 通过实地观察，引发兴趣，拉近与历史的距离感 2. 多角度分析故居景物，对俗语“先安宅、后植槐”进行合理猜测
	3. 曹雪芹小道	1. 通过观察，发现沿途景物的独特魅力 2. 通过观察和想象，进行现实和历史的对比
	4. 水源头	1. 通过实地观察，运用地理和环保知识对水源头及周边景物的变化进行合理分析 2. 结合实物，探讨名著原型，增强对经典名著的理解 3. 利用现场资源，进行学科融合，培养使用英语介绍传统文化的能力

活动准备

1. 准备物品：建议携带手机（带GPS及拍摄功能）、纸笔、雨伞、相机、饮用水等。

2. 活动中注意观察并记录数据，跟随指导教师或家长完成相关问题。

3. 安全事项：穿适合徒步的运动鞋，攀爬过程中注意安全、有序。不要随意摘取路边的花朵，不要食用或触碰不知名的植物，以防中毒。

实践活动设计

行前学习任务

完成“小组资料库”——我所知道的曹雪芹和《红楼梦》。

1. 划分小组，明确分工，收集素材。素材分为四类：

（1）曹雪芹生平。

（2）北京植物园与“曹雪芹纪念馆”。

（3）举例说出《红楼梦》中给你留下深刻印象的一个人物和与之相关的两个情节。

（4）举例说出《红楼梦》中给你留下深刻印象的一个场景。

2. 小组内汇总，整理资料后，班级内分享交流。在此过程中，根据自己的兴趣，自主做记录。

行中学习任务

考察点1：北京植物园正门

进入公园正门后，在右侧公园导览图附近停留，拍摄导览图，并在导览图中查找“曹雪芹纪念馆”的位置。

1. 打开手机GPS（以苹果Iphone为例，点击“指南针”APP），判断自己所在的经纬度，并写下来。

2. 查找到曹雪芹纪念馆的经纬度后，根据你所在位置的经纬度信息，判断往哪个方向走可以到达曹雪芹纪念馆。

3. 在同一经线上，纬度每相差1°，长度约为111千米，请根据两地的纬度差计算从公园门口到曹雪芹纪念馆的距离大约是多少。

4. 请根据景区导览图以及手机中的电子地图，选择一条适合的路线，说明理由，并估算步行到达曹雪芹纪念馆的时间。

考察点2：曹雪芹纪念馆

按指示牌到达黄叶村，过一座石桥，即可看到曹雪芹纪念馆。（选择其他路径亦可到达）

走进纪念馆，首先映入眼帘的是门前两棵沧桑的古树，继而是由几间清式平房组成的一座质朴小院落，几丛翠竹摇曳其间。屋内展有曹雪芹时代的器物、曹雪芹塑像、题壁诗、纪念馆建成前后的历史图像等。从石刻等相关介绍中我们可以找到诸多细节，了解曹雪芹当年的生活概况。

图 2　黄叶村入口

图 3　门前古树

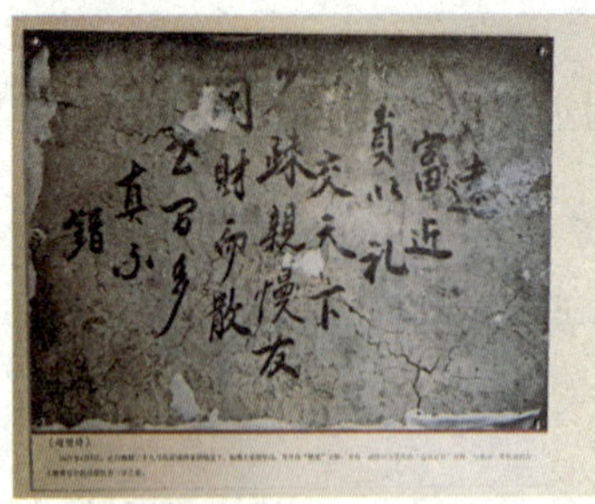
图 4　题壁诗

图 5　黄叶村介绍

5. 墙上的对联是什么？

6. 结合小组资料库，说一说对联如何印证了曹雪芹的生平。

7. 观察曹雪芹纪念馆门前的树，回答以下问题。

（1）纪念馆门前种的是什么树？（　　）

A. 杨树　　B. 槐树　　C. 槭树

（2）为什么要种这种树？（可以从地理、气候、自然物种、风俗、实用性等方面阐释）

（3）现在大家门前是否还种这种树？为什么？

8. 了解曹雪芹其人。

（1）曹雪芹是南方人还是北方人？从纪念馆中的哪些地方可以看出来？《红楼梦》中是否有所体现？

（2）结合曹雪芹生平，分析曹雪芹为什么会有这些生活习惯？哪些习惯是健康的？哪些是不健康的？为什么？

考察点3：曹雪芹小道

沿水渠有一条蜿蜒小路，是当年曹雪芹去往樱桃沟水源头取水之路。

9. 观察小道，回答以下问题。（1）沿途水渠原本有什么用？寻找证据说明。

（2）沿途有哪些独特的风景？想象曹雪芹当年的所见所想。

（3）与曹雪芹生活的时代相比，沿途有哪些变化？尝试论述这种变化是好是坏？

（4）猜想：将来沿途还会有哪些变化？为什么？

图 6　曹雪芹小道

考察点4：樱桃沟水源头

沿曹雪芹小道走到尽头，可抵达樱桃沟水源头。传说这里是曹雪芹构思创作《红楼梦》的重要场所之一，书中诸多原型皆来源于此，如“木石前盟”“元宝石”“一僧一道”等。

图 7　樱桃沟水源头

10. 曹雪芹当年为什么从水源头取水烹茶？现在是否还可以？为什么？

11. 石上松在何时何地拍出来效果最好？为什么？此时拍照者面向哪个方向？

12. 有传说元宝石越来越小了，你觉得可信吗？为什么？

13. 传说白鹿洞曾有一僧一道在此修行，为什么他们会选择这里？一僧一道的形象在《红楼梦》哪里出现过？

14. 选择一个场景，阅读英文介绍，然后尝试用英文进行讲解。

行后学习任务

从以下三个活动中任选两个完成：

1. 写作展示，题目自拟，如《曹雪芹的一天》《穿越拜访曹雪芹》等。

2. 小组海报展示。

3. “我是小导游”，请用中文或英文介绍曹雪芹纪念馆。

学习素材

行中学习素材

1. 39°59′37.58″N，118°12′12.68″E。

2. 北偏东。

3. 约1500米。

4. 建议沿中轴路一直向北，至东环路拐去黄叶村方向，继续向东北走100米，可见石桥，过桥即是。理由：最短路径，最为快捷。（也可选择其他路径，说明理由即可）

5.

上联	远富近贫以礼相交天下少
下联	疏亲慢友因财而散世间多
横批	真不错

6. 根据行前收集的资料，小组进行验证、说明即可。

7.（1）B. 槐树。

（2）说明点：

① 生态环境角度，如此为当地常见树种。

② 风俗角度，如“种槐”与“安宅”的关系。

③ 生活角度，如有夏天可乘凉等生活便利条件。

能够合理说明即可。可小组讨论或听老师讲解后总结答案。

（3）说明点：

① 现代与传统建筑及居住环境的区别。

② 表达自己的判断和喜好。

能够合理说明即可。可小组讨论、班级汇报交流后总结。

8.（1）南方人。能够找出细节，如喝的是“花雕酒”等，合理说明即可。

《红楼梦》中描写的饮食习惯等也能体现出来。

（2）从家庭变故、生活落魄等方面，如读书、饮茶、酗酒等习惯，合理说明即可。

说明：本部分结合行前收集的“小组资料库”及纪念馆中的曹雪芹生平介绍，进行单独思考、小组讨论、班级展示等活动。

9.（1）观察水渠形态和走向，探讨与沿途景物的关系，如引水石渠是清朝乾隆皇帝为了保证静明园等皇家园林用水而建。最初此区域北高南低，因此石渠从樱桃沟水源头引水而下，可将樱桃沟、碧云寺的泉水引至玉泉山，通颐和园。此石渠以石头打造而成，配合石墙、水池、沟盖等设施，俗称“河墙”，其侧多种柳，山岚雾霭，有“河墙烟柳”之美景。到了20世纪90年代，水源头近乎干涸。目前水渠更多用于雨季排洪，也有沿途观赏的功能。（合理说明即可）

（2）观察沿途风景，体会曹雪芹当年可能的心境，如看到“退翁”孙承泽所居“退谷”“退翁亭”，可能会影响他隐居、不入世的态度；如看到夕阳下，伴随水渠中的淙淙流水晚归，心中会有闲适和苍凉之感……（合理说明即可）

（3）从环境、生态等角度进行分析。如沿途的农田已经消失，竹林尚在，地下水资源已不复当年，等等。

（4）可从生态环境或文化发展角度分析。如沿途的竹林会得到保护，其他植被、生物也不再被破坏，但由于人类活动的增多，也会影响其自然生态；沿途道路修葺，便于游览，因此游客势必增多，观察沿途是否需要增加指示牌等。（合理猜想即可）

10. 从生态角度考虑水源头取水烹茶的好处。从生态变化、安全等角度分析、探讨时代的变迁给环境带来的变化。

11. 探索并给出背光、构图等方面的说明即可。

12. 实地观察，从风化、冲蚀等方面给出说明即可。

13. 观察白鹿洞，进行探讨，说明理由。从书中找出原型出现的部分。

14. 现场观察、阅读关于景点的英文介绍，选择自己最感兴趣的部分，进行英文介绍展示，要求自然大方、语言流畅，介绍中说明大意即可。

课程故事

第二轮学区特色课程建设进行选题时，我选择了“曹雪芹”这一主题。选择这个主题的原因有很多，既有作为读者的仰慕之情，又有借助文学经典向青少年推广我国传统文化并培养学生跨文化交流能力的育人之心，而最直接的动机，则是发现曹雪芹纪念馆并不被学生熟知，有点像是隐于四季青地区、藏于植物园的一颗“遗珠”，不被挖掘，实在可惜。

实地探索开始前，我纠结于主题的定位：应该是偏于人物传记的论据验证，抑或是注重《红楼梦》作品的行走阅读?

经过实地探访，结合对综合实践活动价值的学习，以及研讨会现场杨光教授、冯艳老师等多位专家的指导，我最终决定，以新生命教育课程理念为指导，结合本次内容主题，培养学生思考和联系实际的能力，在任务设置上更突出学生的体验感和现场感。

我在本次课题的设计和实践中尝试了多维度的融合。例如：在观察点2，请学生观察现场看到的门前古树，引导学生从安全角度、社会生活角度以及生态角度分析古语“先安宅，后种槐”的合理性；在观察点4，通过探讨水源地的变迁，引导学生关注用水安全和生态环境保护；在整个实地探究过程中，引导学生了解曹雪芹、理解曹雪芹，探讨伟大作家不平凡的人生，同时也与生命价值相联系，培养学生更包容的价值观。

这次设计，思辨活动较多，也是寄望于学生会在现场生成更多的精彩，小学高年级的学生或者中学生，已经乐于且开始善于形成自己的观点，对此，不求唯一答案，只要言之有理即可。让学生自主交流，碰撞出不同的思想火花，也期待执教教师能够及时捕获、添薪，使之熊熊燃烧起来。

北坞公园与普通城市公园有何不同?

——北坞公园的综合考察

冯　艳　张振良

活动路线图

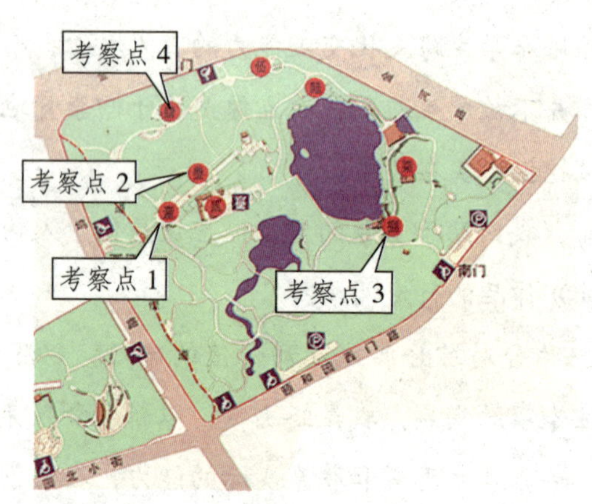

图 1　主要考察点

活动特色

北坞公园位于玉泉山脚下，分为东园和西园。处于“三山五园”环抱之中的北坞公园，园内景观设计与周围环境协调一致，交相辉映。公园内设计了“北坞印象”“耤田耕织”“古寺乡情”“高湖塔影”“双林聚贤”“曲廊藤影”“新庐秋韵”“兴林寄语”等八个景点。不同于一般的郊野公园和城市公园，北坞公园是北坞村的原址地，在园林设计上更凸显北坞村一带的历史文化底蕴。因此本次活动将重点考察北坞村一带的历史演变、农耕文化、风土人情、环境变化，并将历史、文学、数学等学科知识融合到考察的过程当中，试图帮助学生透过北坞村看到中国传统农业文明的演进，并将学习到的知识运用到实际生活中去，了解社会，拓宽视野，从而更好地融入社会生活。

活动目标

<table>
<tr><th>总目标</th><th>活动点</th><th>分点活动目标</th></tr>
<tr><td rowspan="4">1. 通过查阅资料了解北坞村村名的由来和北坞公园建园的过程
2. 解读北坞公园内的“京西稻”文化符号，初步了解中国农耕文化传统和京西稻文化
3. 初步了解“三山五园”的相关知识，结合北坞公园景观设计的特点体会中国古典园林的借景手法
4. 运用数学知识解决生活中的实际问题
5. 通过查阅相关资料，参观“双林聚贤”“兴林寄语”等景点，了解植树造林的作用</td><td>1. “北坞印象”</td><td>了解北坞村村名的由来和北坞公园建园的过程</td></tr>
<tr><td>2. “耤田耕织”</td><td>了解中国农耕文化传统和京西稻文化</td></tr>
<tr><td>3. “高湖塔影”</td><td>1. 初步了解“三山五园”的相关知识
2. 体会中国古典园林借景的手法
3. 能利用所学的数学知识解决测量距离的实际问题</td></tr>
<tr><td>4. “兴林寄语”</td><td>了解植树造林的作用</td></tr>
</table>

活动准备

1. 准备物品：雨伞、饮用水、驱蚊液、防晒霜、标尺、计算器等。

2. 安全事项：不要随意摘取园内的花朵；不要触碰不知名的植物，以防中毒。在水边活动时注意安全，防止落水。

实践活动设计

行前学习任务

1. 北坞村的村名是怎么来的？背后蕴含了哪些历史和地理信息？

2. 北坞村的居民目前都被安置到哪里去了？

3. 你听过“高亮赶水”的传说吗？给大家讲讲这个故事吧！

4. 你知道什么是中国古典园林设计中的“借景”吗？

行中学习任务

考察点1：“北坞印象”

进入北坞公园西门，来到船头形状的眺望台前。

图 2　船头形瞭望台

图 3　“北坞印象”景点说明

1. “北坞印象”为什么以船头形状的眺望台为标志？

2. 结合查到的北坞村的历史资料和景点说明，站立船头，闭眼想象一下北坞村昔日的景象。

3. 在“北坞印象”景点说明中，提到“今日村民上楼，村址建成花园。富庶绮丽，堪比仙乡”。为什么会用“富庶绮丽，堪比仙乡”来形容现在的北坞村？

考察点2：“耤田耕织”

登上船头形眺望台，眼前是一片金黄的水稻和一组生动的雕像。

图 4　耤田耕织雕塑

4. 观察雕塑，这个雕塑表现的是一个什么图景？

5. 你知道为什么要修建这处雕塑吗？雕塑附近为什么要种水稻呢？

6. 从雕塑向东看，你能够看到什么建筑？

乾隆二十九年（1764年），乾隆在万寿山建成了清漪园，向南扩展的昆明湖延伸到北坞村东。当时御苑西南边界并没有修建围墙，建在湖西岸的畅观堂紧临北坞稻田，这里成了乾隆问农观稼的专设地点。乾隆还在这里举办“观稼诗会”，共写了七十多首诗。他在《怀新书屋》诗中写道：“坐我西窗纵闲目，怜他农父正忙时。”

7.大家注意观察，你在公园中还能找到哪些代表京西稻的设计？

考察点3：“高湖塔影”

从雕塑向东至湖边，可以看到远处山上白色高塔的影子倒映在水面上。

8. 大家知道这个湖的名字吗？远处的山是什么山？山上的塔叫什么塔？

北坞公园地处“三山五园”的环抱之中，设计时采用了中国古典园林造景常用的借景手法。大家刚才在“耤田耕织”景点处可以看到万寿山上的佛光阁，这就是运用借景手法的一个实例。据说能见度好的时候，在北坞公园里还能向西远眺香山静宜园，感兴趣的同学可以试试看哦！

图 5　“高湖塔影”

北坞村一带曾有“小江南”的美誉。据说乾隆帝从圆明园到静明园最爱从村北的玉河上乘船，北面是葱茏的金山，近处是广袤的稻田和满池的荷花，确实很像江南水乡的景色啊！明代文徵明到北京的西山旅行，写了《游西山诗十二首》，最末一首为《西湖》，诗中写道：“十里青山行画里，双飞白鸟似江南。”乾隆帝也曾写道：“十里稻畦秋早熟，分明画里小江南。”

9. 玉峰塔的影子能够倒映在高水湖中，说明塔与湖之间的水平距离应该不是很远。查阅资料得知玉峰塔塔顶距离地面 150 米，那么你能计算出玉峰塔到高水湖的水平距离吗？可以利用“同一时刻物高和影长的比值一定”进行计算。

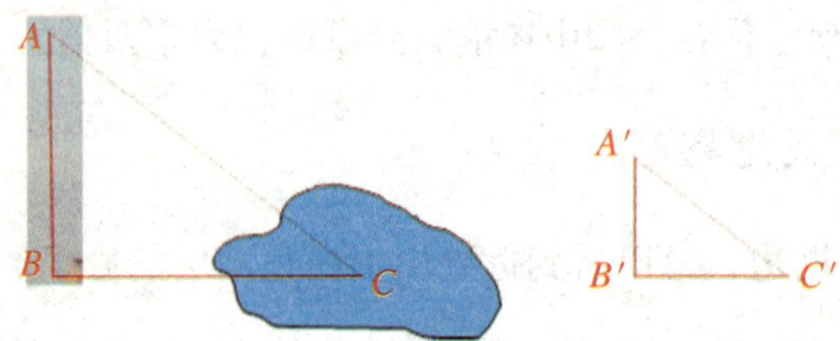

图 6　利用物高和影长成正比计算玉峰塔到高水湖的距离

10. 玉泉山是“三山五园”中的一山，请你给大家讲一讲“三山五园”指的是什么。

考察点4　“兴林寄语”

11. 请结合你在自主学习中查阅的资料和北坞公园的相关景点，谈谈植树造林的意义。

公园东南部连绵的土山上，南半部是部长林。2003年国务院所属156位部长来北坞公园种树，山上立有一块“部长林”石刻纪念碑。山的北半部是将军林。2011年3月中央军委百名将军在此地栽植青松和银杏，山上修建一座重檐四方亭——聚贤清风亭。这一景点被命名为“双贤播绿”。

行后学习任务

根据自己的所看所感，以《我的北坞印象》为题写一篇作文，题材不限。

学习素材

行前学习素材

1. “坞”的意思是水边修建的停船或修造船只的地方。明代永乐年间，京城西郊闹水灾，朝廷派船队来救灾，船在三处停泊。有人推断，这三处泊船地点与其所处的地理位置结合，便是南坞、中坞、北坞三村命名的缘由。

2. 随着经济社会和城市建设的发展，到21世纪初，北坞村从往昔只有几十户人家的小村，发展为各类居民租住的集中地。到2008年，本村户籍人口2858人，而外来人口多达20230人。城乡接合部在生活、卫生、安全等方面的弊端，在北坞村都有所体现。从2009年年初开始，时任北京市委书记刘淇和市长郭金龙带队，先后7次深入北坞村实地调查研究，指导工作，以“解剖麻雀”的方式破解城乡接合部的发展难题。

北坞嘉园经过一年半紧张而精心的建设，全面竣工。整体建设大方、宽敞、优美而又方便。34座楼房被花坛和碧树围绕，绿化面积4万多平方米，是一个现代化的居民小区。2010年9月30日，1500余户、3000余位北坞村民喜洋洋地迁入新居。

3. “高亮赶水”的传说。

传说刘伯温修建北京城的时候，惹怒了龙王爷，龙王爷和龙王奶奶把全城的井水都装进了鱼鳞水篓，用车推着奔玉泉山去了。刘伯温派手下的大将高亮去追，并叮嘱他，捅破水篓后，赶紧往回跑，千万不要回头。

高亮一路向西北追去，看到了水车留下来的车辙印、龙王爷休息时乘凉的大柳树和茶棚、陷住车子的三个泥塘，这就是“车道沟”“大柳树”“茶棚”“南坞”“中坞”“北坞”几个地名的由来。

高亮终于在玉泉山前追上了龙王爷和龙王奶奶，他一枪扎破了一个水篓，转头就往回跑，眼看就到西直门了，他心里一高兴，没留神回头看了一眼，不想就被无情的大水给卷走了。

后来，人们在高亮死的地方修了一座桥，就叫“高亮桥”，现在也称“高梁桥”。

4. 借景是古典园林建筑中常用的构景手段之一。借景的原则是“极目所至，俗则屏之，嘉则收之”，意思是如果外面的景色庸俗不堪，就想办法用假山、建筑等遮挡；如果景色优美，则想办法使园内观景的人看到外面的景色，为园中景致增色。

行中学习素材

1. 因为北坞村在明代曾是救水灾的船坞，所以此处修建了船头形瞭望台。

2. 答案略。

3. 按照北坞村改造计划，在村民搬走后的村庄旧址上修建一座公园，这就是北坞公园。人们在这里生活富足，环境优美，因而“堪比仙乡”。

4. 此处雕塑表现的是清代皇帝御耕图景。

5. 中国是农业大国，有着悠久的农耕传统。天子每年亲自到田间耕作，表示重农。明清两代，每年仲春亥日，皇帝都要到先农坛行祭农耕耤之礼，其“亲耕”的土地面积恰好是“一亩三分地”。

玉泉山附近曾经是皇家“御稻”的重要种植区，这源于北坞村得天独厚的地理环境。玉泉山和万寿山分列于村子两侧，正北是绵延的金山。由玉泉水和香山诸泉流满的高水湖、养水湖和昆明湖环绕在村庄的西、北、东三面，清澈的泉水在玉河、金河、长河里绕村流过。优越的自然地理环境，使北坞村一带成为京西稻的故乡。康熙、乾隆年间，经过大规模的开垦，玉泉山下的御稻田扩展到近万亩。近年，由于北京城缺水，玉泉山下的京西稻被迫停止了大面积种植。如今在海淀区上庄镇有上千亩稻田还在生产着传统优质的京西稻。2015年，海淀区的北京京西稻作文化系统被农业部评为农业文化遗产项目。

6. 颐和园中的万寿山佛香阁。

7. 路灯、大门、耕织图雕塑等。

8. 高水湖、玉泉山、玉峰塔。

9. 约为970米。

10. 三山：香山，万寿山，玉泉山。三座山上分别建有静宜园、清漪园（颐和园）、静明园，此外还有附近的畅春园和圆明园，统称五园。

11. 抵挡风沙、治理大气污染、吸收二氧化碳、制造氧气、降低噪音、具有经济效益等。

参考文献

[1] 张宝章. 北坞公园的史缘[J]. 中关村，2017（02）.

[2] 李林梅. 历史名园周边环境视角下北坞公园景观规划设计与思考[J]. 农业科技与信息（现代园林），2014（12）.

课程故事

第一次去北坞公园已经是几年前的事了。北坞公园很美，园内山湖掩映，绿树成荫。公园紧邻玉泉山，玉峰塔的影子倒映在湖面上，为公园增色不少。值得一提的是，公园里还保留了一小片稻田，平添几分都市中难得一见的田园风情。北坞公园不大，人也不多，多是住在附近前来锻炼的人们。

最初，我以为北坞公园只是一个普通的城市公园，真正了解北坞公园是来到四季青学区之后。因为负责学区课程建设工作，我开始有意识地收集区域内一些资源单位的资料。随着对北坞公园的了解，我发现北坞村是一个历史人文内涵非常丰富的地方，北坞公园的设计也突出了这些特点，比如北坞史源、京西稻文化、大戏台等。作为“三山五园”的园外园之一，北坞公园地处“三山五园”的环抱之中，在园林设计时采用了中国古典园林的借景手法，可以在园中欣赏玉泉山上的玉峰塔，可以远眺万寿山上的佛香阁，据说能见度好的时候还可以看到香山上的静宜园。从老照片可以看出，北坞村一带曾经河湖环绕，水资源非常丰富，但是现在由于地下水资源匮乏，很多河湖已经干涸了，这一强烈对比也是对学生进行节水教育的宝贵内容。四季青区域作为北京的绿化隔离带，拥有着大面积的绿地，北坞公园建园以来，有很多国家领导人来这里参加植树造林活动，绿水青山就是金山银山，环境问题越来越受到重视，北坞公园的“双贤播绿”“兴林寄语”等景点也为我们提供了对学生进行环境教育的素材。

北坞村一带在清朝曾经是皇家御稻田，当时的村民在田间劳作的时候，就可以看到玉峰塔在高水湖中的倒影。这一景观让我联想到数学中测量建筑物高度的问题，于是我设计了一个在具体情境中测量、计算玉峰塔到高水湖的水平距离的问题。我把这个问题和团队的教师们进行了讨论，大家的反响还不错。作为一次综合考察活动，本次考察涉及历史、文学、数学等学科的知识，提升了学生的文化认知水平和解决问题的能力。

南水北调纪念广场中隐藏着哪些"数字密码"？

——南水北调团城湖明渠纪念广场的综合考察

冯　艳

活动路线图

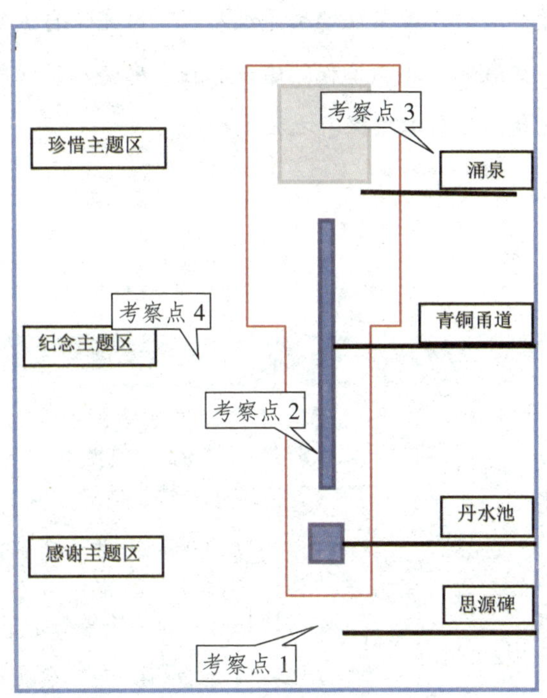

图 1　主要考察点

活动特色

我国水资源分布的一个基本特点是南方水多、北方水少，空间分布很不平衡。为了优化水资源配置，解决北方地区，尤其是黄淮海流域的水资源短缺问题，国家开始建设宏伟的战略性工程——南水北调工程，分为东线、中线、西线三条线路。中线干线一期工程南起湖北丹江口水库，北至北京团城湖调节池，途经湖北、河南、河北和北京四个省(市)，全长1276千米。2014年12月12日，历时11年建设的南水北调中期一线工程正式通水，截至2018年底，北京市已累计接收南水北调工程来水42亿立方米。为了纪念这一宏伟的工程，北京市政府特建立了“南水北调纪念广场”，这是北京唯一一处以南水北调工程为主题的纪念广场，广场位于南水北调中线干线一期工程的终端——团城湖调节池项目的南入口处。团城湖调节池所在地是四季青学区原中坞小学的旧址，是孩子们曾经学习和生活过的地方。本次考察活动，旨在让学生通过参观、探究、自主实践等，了解纪念广场的设计主题，重温南水北调工程的建设历程，感受水资源的宝贵和节水的必要性。那么，就让我们开启本次探索之旅吧！

活动目标

总目标	活动点	分点活动目标
1.通过参观和交流，感受南水北调工程的伟大和艰巨 2.通过参观，了解纪念广场的设计主题 3.通过上网查阅中国水资源、北京水资源状况的相关资料，开展节水调查等活动，强化危机意识，培养节水意识	1. 思源碑	1. 通过对思源碑、丹水池意义的了解，体验纪念广场的“感谢”主题 2. 掌握在生活中估测物高和面积的方法
	2. 青铜甬道	通过参观青铜甬道，了解南水北调工程的伟大和建设过程中的艰难，体验纪念广场的“纪念”和“珍惜”主题
	3. 涌泉	通过对涌泉的参观，体验纪念广场的“感谢”主题
	4. 工程机械展示区	1.参观工程机械展示区，对南水北调工程形成更加直观的体验 2.通过行后学习活动，认识到节水的必要性，节水要从日常小事做起

活动准备

1. 准备物品：雨伞、饮用水、驱蚊液、防晒霜等。

2. 安全事项：活动时注意安全，以防落水。

实践活动设计

行前学习任务

网上自主查阅资料解决下列问题：

1. 北京真的是一个缺水城市吗？请简述理由。

2. 为什么要进行南水北调工程建设？

3. “南水”进京的过程中留下了很多故事，请讲出其中最让你感动的一个故事。

行中学习任务

考察点1：思源碑

穿过守望林，来到思源碑前。

1. 你知道思源碑上的“南水北调”四个字是谁写的吗？

图2　思源碑

2. 猜一猜，这个水池为什么叫丹水池？请你估算丹水池的中心水池和外围水池面积各有多大，你是怎么估算的？

图 3　丹水池

考察点2：地上天河雕塑

图 4　地上天河雕塑

3. 大家估计从感谢区的丹水池到珍惜区的甘露坛中心大约有多少米？地上天河雕塑长约多少米？你是怎么估计的？

4. 地上天河雕塑上面的雕刻图案分别是什么？

考察点3：涌泉

图5　涌泉

5. 甘露台前有九眼喷泉，这一设计的寓意是什么？

考察点4：工程机械展示区

纪念广场西部的水利工程机械展示区，陈列着建设南水北调工程所使用过的水利工程机械，它们是缅怀和纪念南水北调工程伟大历程的宝贵财富，是工程伟大成就的亲历者和见证者。

图6　工程机械展示区

6. 工程机械展示区的哪件展品给你留下的印象最为深刻，为什么？

7. 南水北调纪念广场要表达的主题是什么？你是从哪些景观中看出来的？

行后学习任务

请你从以下三个任务中任选一个完成，并在班级里与同学们交流。

1. 你认为南水北调工程能不能从根本上解决北京缺水的现状？请简述理由。

2. 我们能为节约水资源做什么贡献呢？可以结合日常用水实例进行调查，例如：如果刷牙时一直开着水龙头，每天会浪费多少水？一个月呢？一年呢？请你结合调查数据谈谈如何从自身做起，为节约水资源做贡献。

3. 《人间天河》是纪念南水北调中线工程的电影《天河》的主题歌，今天的参观学习带给你哪些感受呢？请你也为南水北调工程创作一首歌曲吧！

学习素材

行前学习素材

1. 国际贫水线为每年人均1000立方米，极度缺水标准是人均500立方米，而300立方米则为危及人类生存生活底线的灾难性标准。按照北京10年来年均21.2亿立方米水资源总量计算，2011年北京人均水资源量仅有107立方米，不足全国平均水资源量的1/20，仅为国际贫水线的1/10，极度缺水标准的1/5，灾难性标准的1/3。

“南水”进京前，北京市自2008年起每年从河北四库引水3亿立方米，同时每年超采地下水5亿立方米。

2. 南水北调工程是我国的战略性工程，分东、中、西三条线路。其中，中线工程于2014年12月12日正式通水，工程起点为湖北丹江口水库，供水区域为河南、河北、北京、天津四个省（市）。

进行南水北调工程建设的主要原因：

（1）华北和西北普遍缺水，限制了该区经济的发展和人民生活水平的提高。

（2）南方水资源丰富，大量水资源没有被利用就流入大海。

（3）南北方水土资源分布不合理，南方水多（80%）耕地少（40%），北方水少（20%）耕地多（60%）。

为了解决北方水资源紧缺的问题，实行了南水北调工程。

行中学习素材

1. 思源碑上的字是毛主席所写。

2. 丹水池代表南水北调工程起点——湖北丹江口水库。丹水池中心水池面积95平方米，代表中线一期工程每年向北方调水95亿立方米。外围水池面积130平方米，代表中线工程远期每年调水130亿立方米。

3. 从感谢区的丹水池到珍惜区的甘露坛中心全长127.6米，代表从丹江口水库至北京团城湖全长1276千米的输水干渠。地上天河雕塑长62米，寓意从1952年毛主席提出南水北调工程构想，到2014年通水，历经了62年的艰难历程。

4. 地上天河雕塑：南端雕刻丹江口水库剪影，北端雕刻团城湖调节池和颐和园水系剪影，中间雕刻着南水北调中线干线一期工程重要的工程名称和主要城市。

5. 甘露台前的九眼涌泉，代表北京人民“滴水之恩，涌泉相报”的感恩情怀。

6. 学生自由表达，合理即可。

7. 表达了“感恩、纪念、珍惜”三大主题。可以从文化墙、丹水池、青铜甬道、甘露台等景观设计中感受到。

行后学习素材

1. 南水北调工程不能从根本上解决北京市缺水的问题，水资源问题是社会系统中的问题。政府层面还采取了控制人口、调整产业布局、污水治理等方式解决缺水问题。

有数据显示，近年来，北京以年均21亿立方米的水资源量支撑了年均36亿立方米的用水需求，也就意味着北京的年均水缺口达15亿立方米。“南水”进京后，仍然缺水0.97亿立方米，缺水量近1亿立方米。

北京降水量偏少，形成的有效水资源量明显下降，导致水资源形势更加紧张。

北京人口总量以每年60万左右的速度上升，导致全市总需水量整体仍有上升；人均水资源量明显下降，水资源紧张局面依然严峻。

2. 答案略。

3. 答案略。

参考文献

[1]王绍斌，张小宇，王雷，杨苏燕. 南水北调北京终端纪念广场设计探讨[J]. 水利规划与设计，2013（03）.

[2]赵生成，任杰，肖志广. 饮水思源——北京南水北调纪念广场规划设计[J]. 水利发展研究，2016（12）.

课程故事

南水北调工程是我国水资源优化配置，支撑京津和华北地区社会和经济可持续发展、改善区域生态环境、惠及子孙后代的重大基础性战略工程，分为东线工程、西线工程和中线工程，仅中线工程输水入京。中线工程南起湖北省丹江口市的丹江口水库，北至北京市颐和园附近的团城湖，全长1276千米。2014年12月12日中线工程正式通水，为了纪念这一伟大工程，北京市特在团城湖修建南水北调纪念广场。

“海淀”“万泉庄”“玉泉山”“稻香园”，从这些大家熟知的地名里容易联想到：海淀区西部曾经是一个水资源非常丰富的地方，这里曾是著名的京西稻的主要种植区。但是由于超采地下水，目前很多泉水已经干涸，京西稻也被迫停止了大面积种植。

学生们虽然知道北京是一个缺水的城市，但是缺水似乎并没有影响到学生们的日常生活，因此学生对于缺水的具体情况和严重性缺乏直观的认识。本节课借助区域内南水北调团城湖明渠纪念广场这一资源单位，让学生通过参观、上网搜集相关资料等方法，对北京市缺水情况有更直观和深入的认识，从而深刻体会到南水北调工程的必要性。在活动中，让学生借助所学知识进行高度、面积等的测量和计算，通过纪念广场景观中的数字元素，进一步体会南水北调工程建设的艰难。通过设计调查活动，让学生意识到节水的必要性，并结合自身生活设计节水计划，将节水落实在自己的生活之中。

只有清明节才能祭扫李大钊烈士陵园吗？

——李大钊烈士陵园的综合考察

赵　雪

活动路线图

图 1　主要考察点

活动特色

四季青地区拥有高密度的人文古迹，而松柏青翠的李大钊烈士陵园则是爱国主义教育和革命传统教育的重要基地。李大钊烈士是中国共产党的创始人之一。对共产主义事业的坚定信仰、对无产阶级革命事业的无限忠诚、对中国人民的无限热爱和对真理的不懈追求，使他成为中国人民学习和敬仰的榜样。而学生对李大钊的了解又有多少呢？能说出多少与李大钊相关的事件呢？为此，我设计了走进李大钊烈士陵园的活动。通过行前预习、行中考察、行后内化，使学生进一步了解和认识李大钊，从而学习李大钊的精神品质，做个有担当的青少年！

活动目标

总目标	活动点	分点活动目标
通过行前预习和行中考察，了解李大钊的生平和主要事迹，形成对李大钊先烈的初步感知与认识，进而激发对先烈的崇敬之情，从中学习李大钊的精神品质，做个有担当的青少年	1.行前自学	通过搜集有关李大钊的事迹，完成“李大钊生平大事年表”，初步了解李大钊的生平和事迹，确定要探索的问题
	2.万安公墓正门	观察万安公墓墓区示意图、指示牌，判断去往李大钊烈士陵园的方向及路线
	3.李大钊烈士陵园	直观感受万安公墓的肃穆氛围。通过观看相关展板介绍、烈士陵园内的碑文以及名人题词，进一步认识李大钊，感受李大钊的精神品质
	4.李大钊烈士革命事迹陈列室	观看陈列室内的展板、照片，了解李大钊的生平及革命事迹，再次品悟李大钊先烈的精神品质

活动准备

1. 准备物品：雨伞、饮用水、驱蚊液、防晒霜、一枝鲜花等。

2. 安全事项：万安公墓的骨灰堂不得随意入内；考察时不要大声喧哗嬉笑；不要随意摘取园内的花朵；不要触碰不知名的植物，以防中毒。

实践活动设计

行前学习任务

活动前，请完成和李大钊有关的网上学习任务。

1. 请将李大钊的生平事迹，按照年代顺序，编制一个大事年表。年表可以用思维导图、表格、时间轴等方式进行体现。

2. 后人给予李大钊很多称号或赞语，你知道哪些？请列举三个。

3. 李大钊的座右铭是什么？

4. 历史上有“南陈北李”之说，你知道是怎么回事儿吗？

5. 你希望继续了解的问题是什么？

行中学习任务

考察点1：北京万安公墓正门

进入万安公墓正门，请你绕过“北京香山万安公墓奠基石”，在左侧万安公墓示意图附近停留，并在图上找到“李大钊烈士陵园”的位置。

1. 走进公园门口，停留几分钟，环视四周，记录自己所看见的事物。

2. 绕过奠基石，在你的左侧可以看见万安公墓墓区示意图，通过观察示意图，把自己所发现的内容记录下来。

3. 通过浏览万安公墓门口的“万安公墓简介”，或用手机上网查询，增加对万安公墓的了解。

4. 根据万安公墓示意图和园内的指示路标，请选择一条合适的去李大钊烈士陵园的路线，简单说明理由。

考察点2：李大钊烈士陵园

从万安公墓正门出发，走在伴着青翠松柏的林荫小路上，大约5分钟，即可到达李大钊烈士陵园。烈士陵园被茂盛的植被包围，似乎在时刻守护着我们这位革命先烈。

李大钊烈士陵园占地2200平方米。站在高耸的牌楼下，可以看见高2米的李大钊烈士汉白玉石雕立像、李大钊烈士及夫人赵纫兰的墓，以及一座宽4米、高2米的济南青花岗石纪念碑。整个陵园庄严、肃穆。为缅怀这位先烈，邓小平同志为李大钊烈士撰写了碑文。

图2　李大钊烈士陵园正门

图3　纪念碑背面碑文

图4　名人题词列举

5. 绕过李大钊立像，行走在李大钊烈士陵园中，有哪些事物映入了眼帘？

6. 你对李大钊烈士的初步认识是什么？

考察点3：李大钊烈士革命事迹陈列室

图5　李大钊烈士革命事迹陈列室

李大钊烈士革命事迹陈列室主要介绍了李大钊烈士一生为革命所做出的贡献以及他的主要事迹。通过参观该陈列室，我们更加全面地了解了李大钊烈士和他所生活的时代，进而感受到了李大钊烈士的革命精神。

7. 应该按照什么顺序参观该陈列室？

8. 李大钊烈士出生于什么时代？你知道他的出生时间和出生地点吗？

9. 李大钊烈士都发起或参与过哪些运动或组织？他在其中起到了何种作用？

10. 参观李大钊烈士主要活动地及纪念地的图示，你能说出几个李大钊烈士主要活动的地点？你想去哪些纪念地参观？简述理由。

考察点4：李大钊烈士立像

图6　李大钊烈士立像

学生入园就会看到李大钊烈士立像，当按照顺序参观学习之后，再次站在烈士立像面前时，感受会与刚入园时不同。此时此刻，学生怀着对李大钊烈士的思念与尊崇之情站在这里，郑重地献上一枝花，表达对先烈的尊重与敬意。

献花，鞠躬。

行后学习任务

通过今天的参观：

1. 你对李大钊烈士又有了哪些新的认识？从中你有哪些收获呢？

2. 李大钊烈士的哪些事迹给你留下了深刻的印象？

3. 你对李大钊烈士的座右铭又有了哪些新的认识和理解？

4. 李大钊烈士为什么会得到中国人民和国家如此高的赞誉和礼遇？

结合自己的感受简单说一说吧。

学习素材

行前学习素材

1.（答案仅供参考）

1889年10月29日，李大钊出生在河北乐亭大黑坨村。

1907年，李大钊考入国内第一所正式的法政专门学校——天津北洋法政专门学校。

1914年，李大钊考入日本早稻田大学政治本科学习。

1915年2月，李大钊代表中国留日学生总会起草《敬告全国父老书》，反对日本提出的危害中国主权和独立的臭名昭著的“二十一条”。

1916年，李大钊回国后在北京担任《晨报》编辑。

1918年初，李大钊担任北京大学图书馆主任，同时与陈独秀一起编辑《新青年》杂志。1918年底和陈独秀创办著名的《每周评论》。

1919年，李大钊主编了《新青年》第六卷第五号——“马克思研究专号”，并发表《我的马克思主义观》。

1920年1月，李大钊与陈独秀去上海，为建党做组织准备。

1921年7月，李大钊创办了中国第一个工人刊物——《工人周刊》。

1922年7月，在党的二大上，李大钊被选为中央委员。

1923年初，李大钊参与领导了著名的京汉铁路工人大罢工。

1925年春，李大钊领导了北京工人罢工运动。

1926年1月，李大钊组织成立了北京总工会。

1927年4月6日，李大钊被捕，于28日英勇地走上绞刑架，从容就义。

2. 中国共产主义的先驱，伟大的马克思主义者，杰出的无产阶级革命家，中国共产党的主要创始人之一。

3. 铁肩担道义，妙手著文章。

4. “南陈”指陈独秀，“北李”指李大钊。共产党建立之初，在南方的陈独秀以上海、广州为中心，为建立无产阶级政党而积极工作，与李大钊建立的北京支部保持相对独立，“南陈北李”的说法显示了紧密统一的党组织还没有诞生。

5. 答案略。

行中学习素材

1. 万安公墓介绍碑文、李大钊烈士陵园介绍碑文、北京香山万安公墓奠基石、骨灰堂等。

2. 墓地按照金、木、水、火、土的顺序来划分。

3.万安公墓建成以来，已有两万余位社会各界人士长眠于此，其中在中国近现代历史上有一定影响的有近百位，如萧军、启功、施今墨、陈白尘、王世襄、冯友兰、朱自清、曹禺、黄宗江等。

学生可以从万安公墓的建成时间、背景、人文等多方面进行了解。

4. 进入正门，右拐再左拐，走到尽头再左拐，一直走到道路尽头，右手边即

李大钊烈士陵园。理由：比较快捷，便于寻找。（也可选择进门左拐，说明理由即可）

5. 石碑、名人题词、李大钊烈士革命事迹陈列室、南厢房展室等。

6. 李大钊是革命先驱、马克思主义传播者、共产主义运动的先驱等。

7. 按照顺时针顺序参观陈列室。

8. 出生时代：清朝末年，半殖民地半封建社会。出生时间：1889年10月29日。出生地点：直隶（今河北）乐亭县大黑坨村。

9.（1）新文化运动。这场深刻的思想革命，对引发和推动反帝反封建的五四爱国运动起到了重要作用。

（2）北方革命运动。当时在李大钊的领导下，北方革命运动开展得轰轰烈烈，扩大了中国共产党的影响。

10. 李大钊同志主要活动地：北京、唐山、广州、哈尔滨、东京等。想去的纪念地：根据图示，能够说出两个且理由合理即可。

行后学习素材

行后介绍方式：情感真挚、讲解清晰即可。

李大钊同志为革命事业无私奉献，一生都在为我们的祖国而考虑而担忧而奋斗。他无愧于“烈士”“先驱”等称号。正是有了像李大钊这样的革命烈士，才有了我们现在的社会主义新中国。我们作为祖国的青少年，应该学习和了解先烈们的光辉事迹并继承他们的精神品质，将追求真理、无私无畏、一心为国的精神投入到自己生活和学习中去。（结合精神品质、自身发展，表达通顺即可）

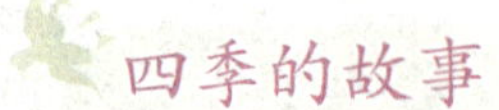

课程故事

2017年6月25日（星期日），我到达万安公墓时已是中午。此时虽然骄阳似火，依然抵挡不住我进园参观的急切心情。

我先看到了“北京香山万安公墓奠基石”，绕过奠基石，便看见了骨灰堂。我没有看关于骨灰堂的须知，便贸然进入。后来才知道进入该骨灰堂需要有存放单据，因此我想到在设计课程时，一定要提醒学生，不要贸然闯入。随后，我便在左手边看到了“万安公墓墓区示意图”。观察片刻，我知道了该墓区是如何划分的、李大钊烈士陵园在什么位置。于是，我思考在这一课程中，能不能将这个示意图引入课程，让学生自行寻找线路、发现万安公墓的墓区划分。这不仅能让学生对万安公墓有初步了解，还能够发掘出学生的生活能力和识别方向能力，对综合能力要求虽不算高，但也足以锻炼学生的能力。

随后，我根据示意图和指示标识，走在林荫小路上，伴着茂盛的松柏，很快到达了李大钊烈士陵园。陵园门口，那庄严而又温和的李大钊立像，深深震撼着我，仿佛先烈就在我面前。同之前一样，我还是在陵园门口停了几分钟，观察了一下周围环境，此刻我注意到陵园周围全部是一块挨一块的小石碑，上面都是名人给李大钊先烈的题词。我想：学生是不是可以通过看这些题词以及碑文，对李大钊有初步的了解和认识呢？除此之外，映入眼帘的还有李大钊烈士革命事迹陈列室、第二展室等。所以我设计课程时也让学生驻足观察，以培养学生的观察能力。我们来到一个陌生的地方，首要任务就是观察周围环境。

继续前行，便是李大钊烈士革命事迹陈列室，这也是本次课程的主要考察点，因为在这里学生不仅能够较为充分地认识李大钊烈士，而且会对时代背景有所了解。

进入陈列室，四周是各种各样的介绍：文字、图片、标语等。那么问题来了，我该如何参观呢？这或许也是学生将会面临的问题，因此我设置了这样的问题：我该如何参观？通过观察发现，的确有顺序，按照顺时针方向来参观，恰好是李大钊烈士的一生经历。确定了观察方向，剩下的就是仔细阅读展板上的文字。通过这次参观，我发现这里的展览主要是介绍李大钊烈士所参与或组织的运动、发表的文章、承办的学校，而这些也离不开他生活的时代，课程考察点设在这里能让学生有更多的收获。

当然，我对一些历史背景也不够了解。通过查阅资料，我对新文化运动有了进一步认识。于是，我决定，在行前给学生安排一个学习任务，让学生通过查阅相关资料提前对李大钊烈士有一定的了解，感受革命前辈无私、伟大的胸襟情怀。

作为一名语文教师，我会更多地考虑学生的语言运用能力，通过设置“革命先烈的精神品质有哪些？”“通过参观李大钊烈士陵园，自己有哪些新的收获？”等问题，训练和培养学生的语言综合运用能力。

参观结束，再次站在李大钊烈士立像前，我更加肃然起敬。我应该为这位伟大的革命先驱献上一束鲜花，来表达我对他的无限尊重与敬意。因此，在课程活动的最后，我设计了一个献花活动，目的是让学生发自内心地表达自己对李大钊烈士的崇敬之情。

四季青地区拥有高密度的人文古迹，各种人文精神都是当今学生需要了解和学习的。开展实践课程，能让学生在实践中提高对当地历史名人、红色经典、历史典故的了解与认识，并有所感悟，进而热爱自己的家乡，何乐而不为呢?

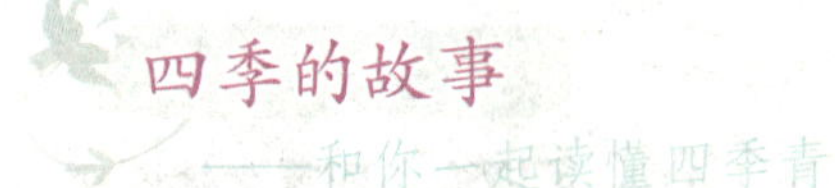

清代驻扎在香山地区的八旗营是特种部队吗?
——团城演武厅的综合考察

程　然

活动路线图

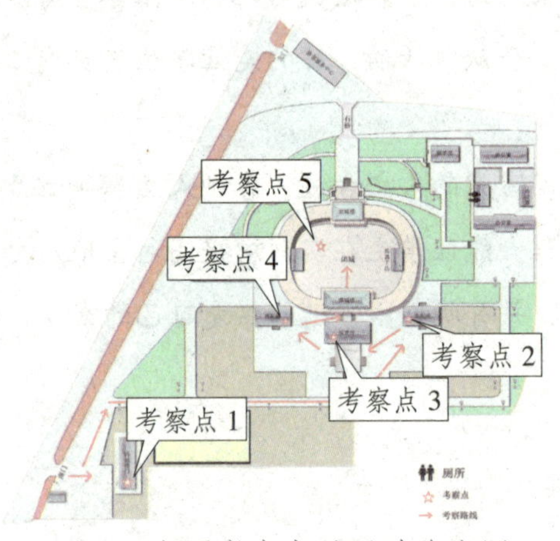

图 1　主要考察点及活动路线图

活动特色

在香山地区，有很多地名让我们觉得很特殊，如正蓝旗、红旗村（正红旗）、新营、团城、买卖街等。今天，我们要考察的是团城演武厅。

团城演武厅位于北京市海淀区香山南麓，建于清乾隆十四年（1749年），是北京仅存的城池、殿宇、亭台、碉楼、教场混为一体的建筑群。乾隆皇帝曾在此检阅八旗军队，这也是健锐云梯营的演武之地。团城演武厅是中国最小的城池，包含演武厅、东西朝房、南北城楼、碑亭、放马黄城、大型演武场等建筑。整个城池就像一个环形的城堡，东西直径50米左右、南北40米，以西山作为天然屏障，城外有护城河，过汉白玉桥才能进城。南北城门上分别挂着“威宣壁垒”和“志喻金汤”的门额，南门城楼已辟为临时展厅；北门城楼内有一座巨大的卧碑，上面用汉、满、蒙、藏四种文字题刻了乾隆皇帝御撰的《御制实胜寺后记》。东西朝房里是有关演武厅历史沿革及健锐营创立始末的展厅，可以看到郎世宁为乾隆皇帝画的肖像、一些服饰和兵器。健锐云梯营就是当时的八旗特种部队，而团城演武厅就是他们的演武之地。

你想了解这座中国最小的城池吗？那就让我们一起走进团城演武厅吧！

活动目标

总目标	活动点	分点活动目标
1. 了解健锐营的历史和“团城演武厅”的构成及功能 2. 了解古代通讯的发展 3. 了解团城的面积、方位及用途	1. 西城楼门	1. 西城楼门 2. 东朝房健锐营营房展 3. 演武厅 4. 西朝房古代信息展 5. 走进团城参观北城楼
	2. 东朝房——健锐营营房	1. 观看健锐营的营房分布图 2. 观看演武场的建筑，了解健锐营训练的作用
	3. 演武厅	观看健锐营用的各种兵器，了解它们的用途
	4. 西朝房——中国古代信息传递方式展	了解古代的通信系统
	5. 团城	1.观看团城的形状，了解其用途 2.学会估算团城的面积 3.在北城楼找到“御制实胜寺后记”碑，了解实胜寺的起源及用途

活动准备

1. 准备物品：尺子、铅笔、橡皮、白纸、饮用水、防虫液、防晒物品等。

2. 活动中注意观察记录数据，跟随指导教师完成相关问题。

3. 建议参观前提前查阅相关资料，注意保护文物，不要随意破坏。不要大声喧哗、嬉笑打闹。

4. 本活动适合五年级以上的学生，建议活动时间为每年4～6月或9～11月。

实践活动设计

行前学习任务

请同学查阅资料了解以下问题：

1. 团城演武厅的位置在哪里？

2. 团城演武厅中，“演武厅”匾额是谁书写的？

行中学习任务

考察点1：西城楼门

进入演武厅西门，映入眼帘的就是西城楼门，又称“梯子楼”。请同学们运用所学知识，完成以下学习任务：

图2　西城楼门

1. 用数学课上学习的估算法，估算一下西城楼门有多宽，有多高。

2. 看看周围的景色，看一看西城楼门建筑用的石块，推测一下西城楼门的石料是从哪里来的？

3. 结合浏览图上西城楼门的位置，猜一猜这座西城楼门在演练时起到的作用。

考察点2：东朝房——健锐营营房

图3　东朝房

演武厅两侧各有硬山式朝房一座，面阔均为五间，是大臣陪同皇帝检阅健锐营操练的地方。东朝房在20世纪初八国联军入侵时被焚毁，2000年在原址复建。考察此处，需要学生了解：

4. 健锐营建立于哪一年？

5. 仔细观察八旗的盔甲，你能发现如何区分八旗士兵吗？

6. 通过参观，你能知道健锐营有哪些训练内容吗？

图4　八旗盔甲

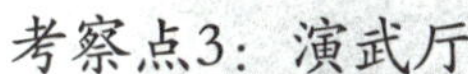

考察点3：演武厅

图5　演武厅

乾隆十一年（1746年），四川金川地区土司之间发生大金川与小金川吐司之间的内乱。清政府派兵干预，大金川土司遂起兵叛乱，并在险要路口用巨石砌筑了许多四方石碉楼。金川地区山势险峻、易守难攻，清军久攻不下。乾隆皇帝利用八旗军队擅长爬云梯攻城的特点，从八旗将士中选出精兵，组成了一支特殊的部队，在香山地区仿造碉楼演练攻碉楼的云梯战术。乾隆皇帝多次在此检阅将士操练。乾隆十四年（1749年），在清军将士的英勇奋战下，清军取得了大小金川战役的胜利。乾隆皇帝对这支部队的骁勇善战极为赞赏，命名为“健锐云梯营”，即健锐营，并作为特种部队驻扎在西山脚下。团城演武厅就是这支特种部队演练的地方。

7. 云梯在古代战争中起到了什么作用？

8. 在演武厅里面还陈列着很多古代兵器，你认识这些兵器吗？你对这些兵器还有哪些了解呢？

考察点4：西朝房——中国古代信息传递方式展

图6　西朝房

走进西朝房，这里有中国古代信息传递方式展，其中明代驿道示意图是重点学习的内容。观察示意图，回答下列问题：

9. 你知道古代驿传系统是由什么组成的吗？

10. 在古代，书信的传递方式有哪些？

图7　明代驿道示意图

考察点5：团城

团城，也称看城。城内东西直径51.2米，南北直径40.6米，城高11米，城厚5.6米。平面呈椭圆形，奇特的造型全国独一无二。

11. 团城是什么形状的？

12. 你能估算一下团城的占地面积吗？

图 8　团城

登上北城楼，看一看“御制实胜寺后记”碑。

13. 了解一下实胜寺的名字是怎么来的？碑文中有几种文字？

图 9　“御制实胜寺后记”碑

沈阳也有一座实胜寺，是皇太极为了彰显自己的功绩而建造的。“实胜”意为“实实在在的胜利”，乾隆在打完金川之后，为了显示自己的功绩，也要仿效其祖先建一座实胜寺。

行后学习任务

参观完团城演武厅，如果让你做一名向导，你会怎样把团城演武厅介绍给亲朋好友呢？在参观的过程当中，有没有给你留下深刻印象的地方或令你特别感兴趣的事物呢？可以通过文字的方式记录下来。

学习素材

行前学习素材

1. 团城演武厅位于北京香山南路红旗村附近。

2. “演武厅”匾额由爱新觉罗·毓砻（yù yán）题写。

行中学习素材

1. 西城楼门宽约24米，高约11米。

2. 用西山所产毛石砌筑，自然质朴。

3. 正中为一拱券门洞，两侧有台阶通达顶部，为演练时将领的指挥台。

4. 始建于乾隆十四年（1749年），距今已经有270多年的历史了。

5. 纯颜色的为正某旗，有镶边的是镶某旗。

6. 健锐营的训练包括相扑、过马、骗马、三枪、舞鞭、舞刀、射箭等。

7. 云梯是古代战争中用于攀登城墙的攻城器械。演武厅里的云梯主要是为了攀登碉楼。

8. 演武厅里面陈列了火枪、火铳、火炮、大刀、长枪等古代兵器。

9. 古代的驿传系统由驿站和驿道组成。

10. 古代书信传递的方式有鸿雁、鸽子、风筝、孔明灯等。

11. 团城为椭圆形。

12. 团城东西直径50米左右、南北40米左右，面积约为2000平方米。

13. 实胜寺就是为了显示自己的功绩，记录实实在在的胜利而建成的寺庙，碑文对健锐营在多次战役中立下的赫赫战功进行了表彰。碑文由满、汉、蒙、藏四种文字记录。

行后学习素材

文章要求结构清晰，线索明确。概述部分言简意赅，重点介绍部分要求翔实、生动。

课程故事

我们的学校坐落在香山脚下，离团城演武厅很近。曾几何时，“西山健锐营”的故事在香山地区广为流传，但现在的学生们对这些故事知之甚少。于是，我们带着学生们走进了全国重点文物保护单位——团城演武厅，通过实践活动，了解这座中国最小的城池——团城，了解乾隆年间的“战狼”部队和那段已逐渐远去的历史。

在最初进行课程设计时，我只想到“特种部队”如何勇武，以及他们的显赫战功，但是在实地考察的过程中我发现，团城演武厅的每个建筑单元都有其特定的作用，它们之间的通信方式也很有特色。由此我想：对于一个古代的军事基地而言，内部的基础设施建设是十分重要的，健锐营要想完成各项作战任务，必然离不开完善的后勤保障，于是，我把这一想法加入到了教学设计中。

为了激发学生们的学习兴趣，我设计了很多探究式的学习活动，例如：为了了解中国“最小的城池”到底有多小，让学生们借助数学课上所学的知识，通过测量、估算的方法了解团城的面积。此外，还让学生们通过对八旗服饰的观察、对比、分析、概括得出区分八旗士兵的方法，通过对“实胜寺”寺名的探究了解西山健锐营的历史，等等。

走进团城演武厅，学生们不仅了解了健锐营这支特殊的部队，也对清代军事制度、八旗制度、满族文化民俗等方面有了一定的了解和掌握。他们在赞叹前人智慧之余，对比祖国今天的发展变化，心中的自豪之感不禁油然而生！

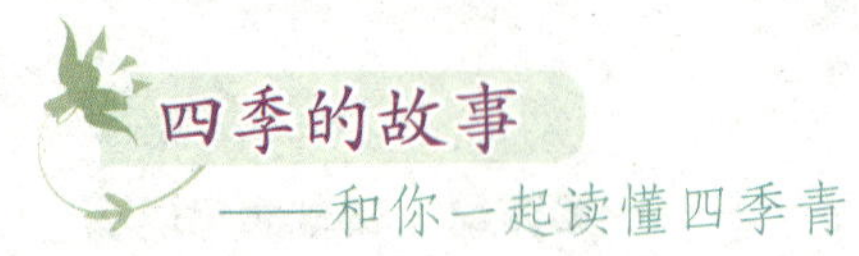

清代皇家园林有着什么样的秘密？

——香山静宜园的地理考察

潘慧媛

活动路线图

图 1　主要考察点

活动特色

香山地区历史悠久、文化底蕴深厚，利用西山的天然绿色屏障、西山以东断断续续的层峦叠嶂和大大小小的湖泊，形成了“西山春夏之交，晴云碧树，花气鸟声；秋则乱叶飘丹，冬则积雪凝素。种种奇致，皆足赏心”的奇景，是一处世外桃源、人间胜境。

香山静宜园共有28处景观，依山势以自然景观为主而建，占地约153.3万平方米。本次实践活动以香山静宜园内的部分景点为考察点，旨在通过实地测量、资料收集和现代技术应用等方式，提高学生的综合分析能力和实践能力，既能让学生对北京尤其是香山地区的历史有更多的了解，也能使他们更好地融入日益发展的科技时代。下面，就让我们走进历史悠久的皇家园林——静宜园吧！

活动目标

总目标	活动地点	分点活动目标
1. 通过查找资料和绘图，对照实景，了解静宜园的相关历史 2. 通过观察、实践和查阅资料等方法解决辨别方向、确认位置、应用比例尺测算距离等实际问题，提高综合分析能力和实践能力	1. 东宫门	1. 在地图上找到勤政殿、昭庙、见心斋、眼镜湖 2. 运用指向标辨别方向 3. 测量东宫门到勤政殿的图上距离
	2. 勤政殿	1. 粗略测量勤政殿到东宫门的距离，计算图上比例尺 2. 观察勤政殿前的月牙河 3. 考察勤政殿南侧假山和水池，分析水源及其干涸的原因
	3. 昭庙、琉璃塔	1. 指出昭庙在勤政殿的方向 2. 利用手机地图查找东向山顶有塔的山的名字 3. 用手机读海拔
	4. 见心斋	1. 查找见心斋介绍，了解见心斋的建筑特色 2. 观察知鱼亭及见心斋的亭、台、廊、榭
	5. 眼镜湖	观察眼镜湖的形状，感受湖边的景色

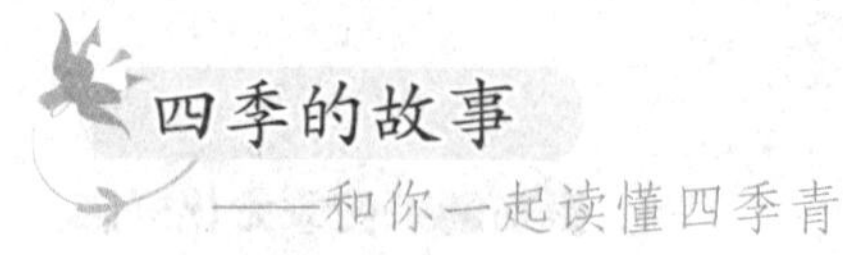

活动准备

1. 准备物品：笔、尺子、手机、任务单、舒适的运动鞋、适合爬山的衣服、适量的饮用水、双肩背包。

2. 活动中注意观察记录数据，跟随指导教师或家长完成相关问题。

3. 安全事项：爱护环境和文物，不乱扔垃圾，文明考察，注意防晒，登山时注意安全。

实践活动设计

行前学习任务

搜集香山相关资料：

香山在北京市的方位：________________。

北京市地形、地势特点：________________。

北京市气候特征：________________。

北京市冬季风、夏季风的风向，用箭头画在地形图上。

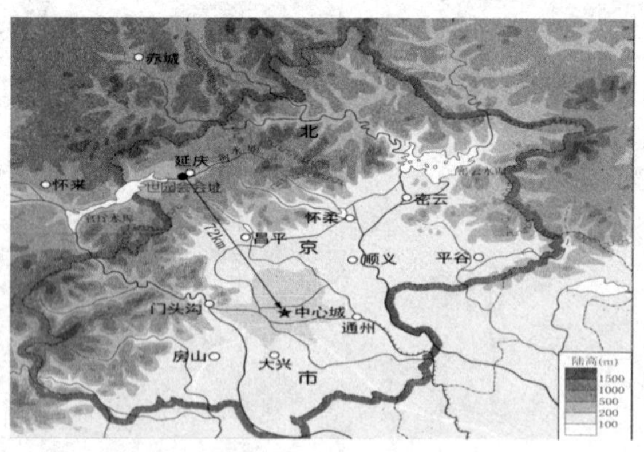

查找资料，了解北京西山地下水的使用及变化情况。

行中学习任务

考察点1：东宫门

图2　香山公园入口

图3　香山公园内景

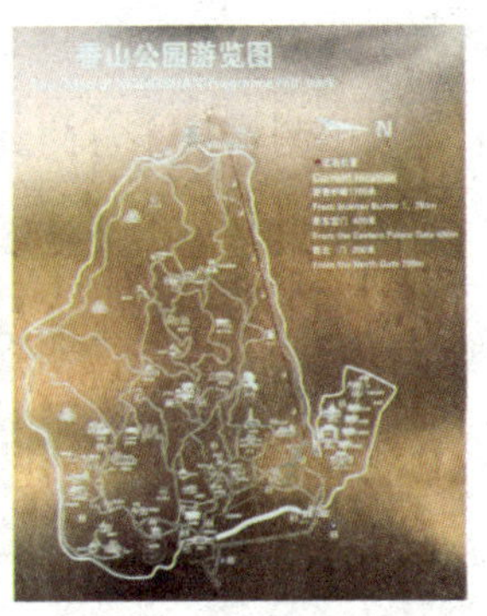

图4　香山公园游览图

香山位于燕山余脉——小西山山脉中麓，海拔575米，自辽金始，历代王朝在此筑有宫室，清代尤盛，名“静宜园”，面积有153.3万平方米。这里风光优美，文化积淀深厚，政治历史地位重要。“西山晴雪”名列燕京八景，红叶闻名遐迩。香山建园逾800年，留下众多掌故、题刻和景点建筑。清代建有景点81处，其中28处最为著名，称“静宜园二十八景”。2001年香山公园获批国家AAAA级旅游景区。

1. 在地图上找到东宫门、勤政殿、昭庙、见心斋、眼镜湖，按照①②③④⑤的序号标注在图上，本次考察包括这五个点，请选择考察路线并画在图上。

2. 使用手机GPS（以苹果Iphone为例，点击“指南针”APP）找出东宫门的朝向。

利用太阳判断方向：冬季日出位置是东偏南，日落位置是西偏南；夏季日出位置是东偏北，日落位置是西偏北；春分、秋分前后，日出正东，日落正西。只要有太阳，就可以使用手表来辨别方向。按24小时制读出当时的时刻，将小时数除以二，将得到个商数。把手表水平放在手上或者地上，让手表的这个商数对准太阳所在的方位，这时手表表面12点所指的方向是北方，6点所指的方向是南方。还可以使用“立竿见影”的方法，就是在地上垂直树立一根杆子，上午影子指向西北方，下午影子指向东北方，影子最短时是正中午，这时影子指向正北方。

3. 用尺子测量从东宫门到勤政殿的图上距离。

地图比例尺是地图上的线段长度与实地相应水平距离之比。它表示地图图形对地面的缩小程度，又称缩尺。一般来说，地图比例尺越大误差越小，图上测量精度越高。

考察点2：勤政殿

图5　香山静宜园

图6　勤政殿牌匾

静宜园勤政殿始建于1745年，景区有正殿、配殿、朝房、假山、月牙河等组成。正殿为单檐歇山式建筑，殿宽五楹，外饰金龙和玺，内铺二尺金砖，为“静宜园二十八景”之第一景，是清代皇帝在香山静宜园驻跸期间处理政务和接见臣子的场所。南北配殿各五楹，原是王公大臣休息的地方。

4. 粗略测量勤政殿到东宫门的实际距离，运用在考察点1测得的图上距离，计算地图比例尺，并写出你在此处计算实际距离的方法。

我们测量实际距离的方法有很多，比如：用自己的脚步丈量，先量出一步的长度，再乘以总步数。根据勤政殿到东宫门的实际距离和在考察点1处测得的图上距离，计算地图比例尺时，要注意：在比例尺的计算公式里，图上的单位距离一般是厘米，实地距离的单位也要换算为厘米，才能计算出图上距离相对于实地距离缩小的倍数。

穿过牌坊，能看到一座半月形的水池，名为月牙河，月牙河正中筑单孔石拱桥一座。据记载，孔子的学生在学习时均围一方池水而坐，乾隆皇帝自比孔圣人的门生，在勤政殿前方建一半月形的水池，以示尊重儒学，秉承正统，同时也勉励自己要勤奋好学，奋发有为。

5. 月牙河是由泉水汇聚而成的，可以应急使用。你能想到是用于什么吗?

大气降水渗漏地下，顺岩层倾斜方向流，遇侵入岩体阻挡，承压水出露地表，形成泉水。泉水为人类提供了理想的水源，同时也能构成许多观赏景观和旅游资源。

6. 勤政殿南侧有假山和水池，分析水池的水源出自哪里，简述现在干涸的主要原因。

北京市由于急速发展、人口猛增，使得需水量激增，不得不靠超采地下水来保障生产生活的供应。地下水多年超采，使得北京市地下水水位持续下降。1980年到1998年，18年间地下水位下降了近5米。从1999年开始，本市地下水以年均近1米的速度急速下降，2014年末，地下水超采区面积已达6613平方千米，与1980年末相比，地下水储量减少94.3亿立方米。

考察点3：昭庙、琉璃塔

图7　香山昭庙

图8　香山琉璃塔

宗镜大昭之庙又称昭庙，意为“尊者神殿”，建于乾隆四十五年（1780年），是为西藏六世班禅额尔德尼进京向乾隆祝七十寿诞而建。昭庙作为班禅夏季驻锡地，又称班禅行宫。昭庙占地9100平方米，形制为汉藏混合喇嘛庙式样，由月牙河、琉璃牌楼、清净法智殿（众妙之门）、白台、八方重檐御碑亭、红台、都罡殿（宗镜大昭之庙）、万寿七层八面琉璃塔等建筑组成。乾隆对六世班禅进京觐见极为重视，分别于香山、北京西黄寺、承德为其营造了三处行宫，赠予大量的佛像、珍宝饰品，并与其朝夕相处。乾隆四十五年九月十九日，六世班禅为昭庙落成开光。昭庙是祖国统一、民族团结的物证，极具文化历史研究价值。

7. 读任务单上的游览图，请你利用指向标判读昭庙位于勤政殿的方向。

在地图上辨认方向，面对地图，通常是“上北下南，左西右东”。在这个基础上，还可以再确定出东北、西北、东南和西南的方向。在有指向标的地图上，要按照指向标判读方向。

8. 到达琉璃塔附近，站在塔的基座上，向东看去，可见一座小山，山顶也矗立着一座塔。在此处可以拿出手机，打开地图查找这座山的名字，用手机读出琉璃塔基座的海拔。

（1）山的名字：____________。

（2）琉璃塔基座的海拔：____________。

9. 如图9所示，这张照片是在见心斋与昭庙之间的山路上拍摄的琉璃塔，拍摄时间为下午两点左右，请根据说明和照片上的太阳判断拍摄者位于琉璃塔的方向：________。

图9　下午两点的太阳与琉璃塔

考察点4：见心斋

图 10　见心斋简介

见心斋建于明嘉靖年间，清嘉庆年间重修，传说曾是帝王训诫臣属的地方。整组建筑占地约4000平方米，亭、台、廊、榭布局精巧别致，是一处具有江南建筑风格的园林。观察知鱼亭及见心斋的亭、台、廊、榭，了解园林建筑特色。

10. 你对见心斋有哪些了解？

考察点5：眼镜湖

图 11　眼镜湖外观

从见心斋沿林荫道而下，行不多久，即可听到潺潺的水声；再往前行，可见两个圆形小湖由一座单孔白石拱桥相联结，形似眼镜，故名眼镜湖。右侧小湖，岸依山崖，叠石为洞，洞顶上有小溪流下，形成小瀑布挂于洞口，人称此景为“水帘洞”。

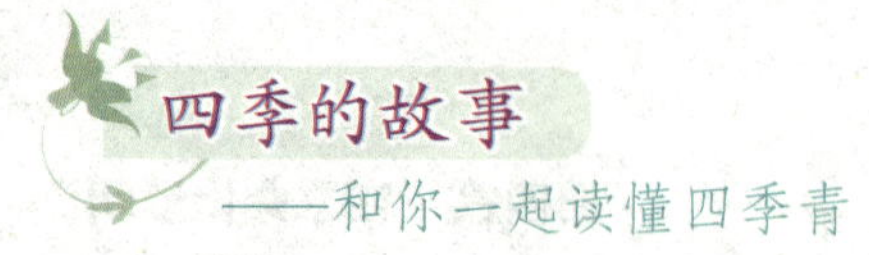

11. 观察眼镜湖，你会有什么样的感受？

行后学习任务

根据活动内容，假设你是一个小导游，请你设计一份导游词，给亲朋好友介绍香山静宜园。

学习素材

行前学习素材

香山位于北京市西北方位。

地形：山地和平原；地势：西北高东南低。

温带季风气候：冬季寒冷干燥，夏季高温多雨。

北京市冬季风、夏季风的风向，在地形图上用箭头表示如下（蓝色箭头表示冬季西北风；红色箭头表示夏季东南风）：

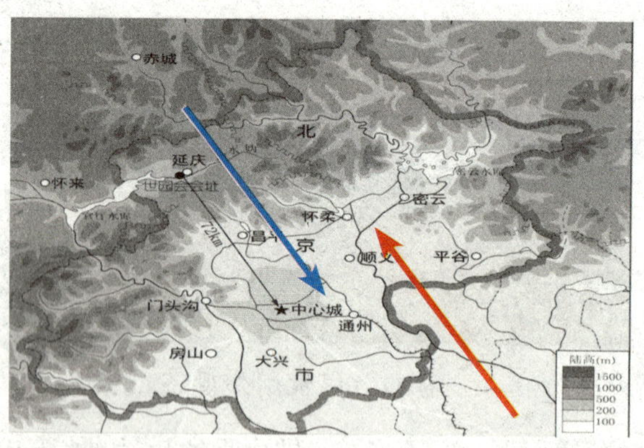

北京西山地区地下水资源丰富，水质优良，是北京市重要的地下水供水水源地之一。之前长期过量开采地下水已经引起了区域地下水水位下降等环境问题。现在建设南水北调工程后，将会改变区域用水结构，逐步实现对含水层系统的涵养目的。

行中学习素材

1. 答案略。

2. 东。

3. 2.3厘米。

4. 4.25米。

5. 灭火。

6. 水源：地下水。

干涸原因：城市发展过程中，过度开发地下水，使得地下水水位下降，泉水消失。

7. 西北。

8.（1）山名：玉泉山；（2）海拔：261米。

9. 东北。

10. 答案略。

11. 答案略。

参考文献

赵连稳. 论三山五园中的儒家文化元素[J]. 安康学院学报，2016（3）.

课程故事

从“四季导赏师”团队组建以来，经过一年多的时间，亲历了第一阶段课程开发的过程，收获颇多。

进入第二阶段，我选择了“三山五园”主题，择其中的“静宜园”进行活动设计，先从读介绍“三山五园”的书入手，了解北京的皇家园林，然后跟冯老师

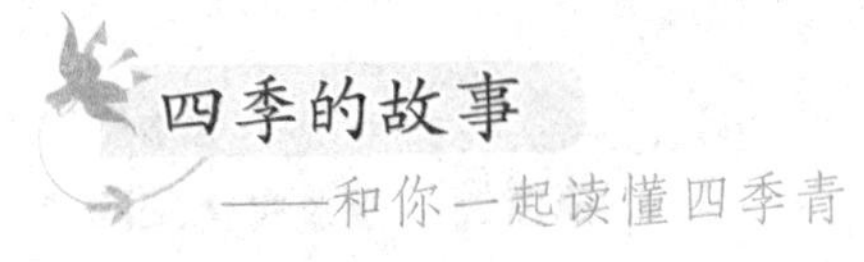

沟通，冯老师及时点拨，又给了我很多参考资料。

读书毕，我把目光锁定在香山静宜园，开始思考课程设计的切入点。小时候爬香山到“鬼见愁”觉得它很高；大学时爬香山为环保做贡献，一路爬一路捡垃圾；慕名而来的游客多是因为它的红叶……似乎在人们的想法中，很少把静宜园和香山联系在一起。这使我不由想起了冬天游西湖的感受，当时站在苏堤上看着湖水思考：中国大大小小的内陆湖泊数不胜数，风景各异，而独独杭州西湖能成为世界遗产，原因是它既拥有优美的自然风光，又沉淀了深厚的历史文化底蕴！想到此处，我的思路通透了许多，香山的名字响彻中华大地，一定也离不开人文历史的积淀。

确定好主题，择一阳光明媚的六月周末，约上好友进行实地考察。我俩坐公交车过去，但是由于香山地铁修建，公交车需要绕道香泉环岛，而香泉环岛异常堵车，所以我们在下山路口下车，沿着下山单行车道走上去，是从南门入口进入公园的，按照地图设计路线逆行从东宫门出来。一路考察，静宜园依山势而建，移步换景，但是途经山上的河道和泉水都已经干涸，只在月牙河、眼镜湖和见心斋能看到水。从香山回来后设计出一稿，但风的特点和水的变化有时间推移性，我不知道该如何将其设计在活动中。后经过专家指导，进一步修改，有了行前的知识储备、行中的实地考察及行后的思考，最终定稿。

| 学生手册 |

附　录

中科院植物所里的植物神奇在哪里？

——中科院植物所的特色植物考察活动单

张小平

考察时间：________________

考察地点：________________

考察人员：________________

活动准备

1. 准备物品：学生自备记录用笔，可以自行准备手机，现场拍照和搜集资料，另外，带好防晒用品，准备足够的饮用水。

2. 人员分组：活动中注意观察记录，跟随指导教师或家长完成相关问题。

3. 安全事项：不随意采摘花朵，不触碰不知名植物（尤其是颜色鲜艳的植物），以防中毒。在池塘边观察时，请注意安全，避免落水。

行前学习任务

1. 你知道中科院植物所植物园分哪些区域吗？

____

2. 你知道中科院植物所植物园中都有哪些有特色的植物吗？

____

行中学习任务

考察点1：中科院植物所植物园西门（古莲池）

1. 路线设计

进入中科院植物所植物园西门后，了解活动安排，自由分组后，根据线路图设计行走路线，并到达指定区域。

行走路线：起点（　　　　）→经过（　　　　）→经过（　　　　）→经过（　　　　）→经过（　　　　）→经过（　　　　）→经过（　　　　）→经过（　　　　）→经过（　　　　）→终点（　　　　）。（不够可自行添加）

2. 填一填，比一比

表1　植物调查记录卡

观察区域	观察到的植物	特殊的形态结构（如叶、花、果等）	生活环境	结构与环境关系
西门（古莲池）				
水生和藤本植物区				
热带亚热带展览植物温室				
区域1:				
区域2:				

3. 特色植物之一：沉睡千年的神奇植物

表2　古莲、睡莲和荷花的记录卡

	叶子			花朵			应用（可借助网络）	分类（可借助网络）
	是否挺出水面	表面是否有绒毛	是否有缺口	大小	花瓣形状	颜色		
古莲								______科 ______属
睡莲								______科 ______属
荷花								______科 ______属

由此，初步可判定，此处古莲为____________________。

4. 找一找

荷叶很有特点，“出淤泥而不染”，露珠在上面也待不住。这是为什么呢？利用这个特点，人们开发了哪些仿生学产品呢？请你搜集相关资料来给大家介绍一下吧！

____

____

____

5. 写一写

摘抄你喜欢的与荷花、睡莲有关的好词好句好文。

____

____

____

考察点2：水生及藤本植物区

6.“察言观色”

你在该区域发现了哪些有特色的植物？它们有什么特殊之处？请将它们记录到表1中吧！

7. 特色植物之二：叶片最大的水生植物

在这里，你见到这种植物了吗？你知道它的名字吗？

____

8. 观察王莲的特殊之处

王莲属于睡莲科王莲属植物，结合你的观察，王莲在形态或者功能上有什么特别的地方呢？

____

9. 开动脑筋

王莲这样的结构对于生活在水中的植物有什么好处呢？

____

10. 查一查

搜集资料，王莲除了叶，它的花、色、果有什么奇特的地方？

____

____

11. 填一填

在此区域还有许多睡莲，请你仔细观察其形态结构，并完成表2。

考察点3：热带、亚热带植物展览温室

12. 特色植物之三：植物活化石——桫椤

先认真观察，然后在记录表1中画出你观察到的桫椤形态。

13. 找一找

（1）桫椤为什么被称为植物的活化石？（用手机查找资料）

____

（2）桫椤在分类学上属于哪一类植物？它生活在怎样的环境中？它除了生长环境奇特以外，还有什么奇特的地方吗？（用手机查找资料）

____

____

14. 想一想

根据上面搜集到的资料，桫椤为什么会濒临灭绝？如果桫椤灭绝了，将会对生物多样性及生态环境造成怎样的危害？

____

____

行后学习任务

你能否根据此次活动，总结出生物多样性的意义？

____

____

____

参考信息

北京植物园

1. 开放时间：

6:00 ~ 19:00（夏季）7:00 ~ 17:00（冬季）。

曹雪芹纪念馆开放时间：每周一闭馆，9:00 ~ 16:30（夏季）9:00 ~ 16:00（冬季）。

2. 门票：

平时：成人 5 元，学生 2.5 元。

市花展及桃花节期间：成人 10 元，学生 5 元。

3. 公交路线：

（1）乘坐 360 路、318 路至北京植物园站下（向北走 150 米）。

（2）乘坐 563 路、505 路、698 路、932 路至北京植物园南门站下车即到（路北侧）。

（3）乘坐有轨电车西郊线至北京植物园站下车即到（路北侧）。

4. 自驾车路线：

五环：出香山出口，经香泉环岛，往香山方向约 300 米即到。

四环：出香山出口，往香山方向，约 10 分钟车程。

三环：苏州桥出口向北进入万泉河快速路，由北五环入口进入北五环。

中国科学院植物研究所北京植物园

1. 开放时间：8:00 ~ 16:30。

2. 门票：成人 10 元，学生 5 元。

3. 公交路线：

（1）乘坐 360 路、318 路至北京植物园站下车即到。

（2）乘坐 563 路、505 路至卧佛寺站下车，向南走 200 米即到。

4. 自驾车路线：

附近有自费停车场，可参看北京植物园的自驾车路线信息。

香山公园

1. 开放时间：

春秋季开放时间：

4 月 1 日至 6 月 30 日 6:00 ~ 18:30

9 月 1 日至 11 月 15 日 6:00 ~ 18:30

夏季开放时间：

7 月 1 日至 8 月 31 日 6:00 ~ 19:00

冬季开放时间：

11 月 16 日至 3 月 31 日 6:00 ~ 18:00

2. 门票：

淡季优惠联票（11 月 16 日至 3 月 31 日）：票价 14 元，半价 7 元。

旺季优惠联票（4 月 1 日至 11 月 15 日）：票价 15 元，半价 7 元。

门票淡季票价（11 月 16 日至 3 月 31 日）：成人 5 元，半价 2.5 元。

门票旺季票价（4 月 1 日至 11 月 15 日）：成人 10 元，半价 5 元。

3. 公交线路：

（1）乘坐 360 路快车、318 路、331 路、932 路至香泉环岛站下车。

（2）乘坐 360 路、563 路、563 区间、698 路至香山站下车。

（3）乘坐有轨电车西郊线到香山站即可。

4. 自驾车路线：

五环：由香山路出口下五环，由香泉环岛向西北方向（有指路牌）再行驶大约 5 分钟便可到。

四环：由四海桥出口下四环，向西北方向（有指路牌）经过闵庄路，到旱河路路口向北行，由香泉环岛向西北方向（有指路牌）再行驶大约 5 分钟便可到。

从香山南路到香山：向北行驶经过红旗村，到卧佛寺路口向西（有指路牌）再行驶大约 5 分钟便可到。

从颐和园到香山：从青龙桥向西行驶，经过厢红旗、娘娘府，到香泉环岛向西北方向（有指路牌）再行驶大约 5 分钟便可到。

中坞公园

1. 地址：北京市海淀区北坞村路。

2. 开放时间：全天开放。

3. 门票：免费。

4. 公交路线：

（1）乘坐地铁在颐和园西门地铁站出，步行669米到达中坞公园西门。

（2）乘坐469路公交车在颐和园西门公交站下车，步行510米到达中坞公园西门。

5. 自驾车路线：导航搜索“中坞公园”即可。

四季青果林所

1. 地址：北京市海淀区闵庄路68号。

2. 联系电话：010～62858165。

3. 公交路线：乘坐360路、360路快车、698路公交车在北京四十五中学站下车，前行200米路南。

4. 自驾车路线：沿闵庄路向西，过旱河路两个红灯，掉头进辅路即到。

5. 采摘指南：杏（5月～6月）、樱桃（5月～7月）、桃（8月～10月）。

御林观光园（又称“御林农耕观光采摘园”“御林观光采摘园”）

1. 地址：海淀区四季青镇普安店266号。

2. 联系电话：010～62593133。

3. 公交路线：

（1）乘坐630路公交车至万安站下车，红绿灯往北前行300米左右。

（2）乘坐有轨电车西郊线至万安站下车，向南前行约300米，左转前行约300米。

4. 自驾车路线：五环路香泉环岛出口沿旱河路向南行驶，第一个红绿灯向东沿万安东路行驶500米路北侧即到。

5. 采摘指南：樱桃（5月～7月）、杏（5月～6月）、苹果（8月～10月）。

墨蔬院观光采摘园

1. 地址：北京市海淀区田村东路与田村北路交叉口西 150 米。

2. 开放时间：8:30 ～ 17:00。

3. 门票：免费。

4. 周边站点：田村北路、田村北路东口、碧森里小区、田村北路西口、田村中街、畅茜园小区、田村东路南口、田村西口、旱河路南口、田村。

5. 公交线路。

（1）乘坐 610 路、专 129、专 147 外环、专 147 内环、快速直达专线 180 至田村北路站或田村北路东口站下车。

（2）乘坐地铁 6 号线至田村站下车。

西山国家森林公园

1. 地址：北京市海淀区香山南路和闵庄路交汇处向西 300 米。

2. 电话：010-62720251。

3. 开放时间：

旺季（3 月 15 日至 11 月 15 日）7:00 ～ 18:00。

淡季（11 月 16 日至次年 3 月 14 日）8:00 ～ 17:00。

4. 门票：成人 10 元，学生 5 元。

5. 公交路线：

（1）乘坐 360 路、360 路快车、318 路、698 路至南河滩站下车。

（2）乘坐 505 路至北辛庄站下车。

6. 自驾车路线：

北四环—闵庄路—西山国家森林公园。

北五环—香山路——棵松路—香山南路—西山国家森林公园。

北坞公园

1. 地址：北京市海淀区北坞村西路。

2. 开放时间：全天开放。

3. 门票：免费。

4. 公交路线：乘坐 539 路、469 路、专 129 路公交车至北坞村西站下车，沿北坞村路向北走 150 米即到。

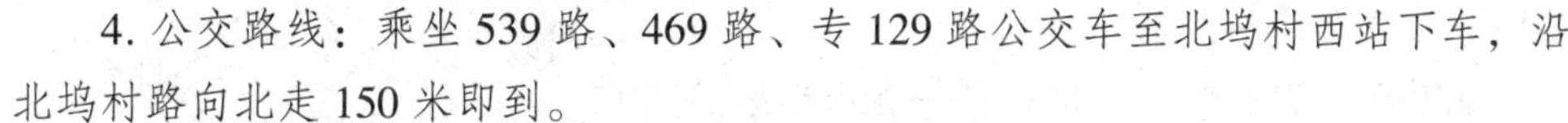

5. 自驾车路线：导航搜索“北坞公园”。

6. 周边景观：中坞公园、两山公园、颐和园。

南水北调团城湖明渠纪念广场

1. 地址：昆明湖路 21 号。

2. 开放时间：需团体预约。

3. 门票：免费。

4. 公交路线：乘坐 360 路、528 路、613 路、630 路、982 路、698 路公交车至四海桥北站下车，沿东北方向步行 600 米。

5. 自驾车路线：导航搜索“北京市南水北调团城湖管理处”。

李大钊烈士陵园

1. 地址：北京市海淀区香山东万安里 1 号。

2. 开放时间：8:00 ~ 16:00。

3. 门票：免费。

4. 公交路线：乘坐 360 路、698 路至门头新村站下车，沿旱河路向北步行约 1.7 公里。

5. 自驾车路线：导航搜索“北京万安公墓”。

6. 周边景观：香山公园、北京植物园、卧佛寺。

团城演武厅

1. 地址：北京市海淀区香山南路红旗村 1 号。

2. 开放时间：9:00 ~ 16:00（周一闭馆）。

3. 门票：免费。

4. 公交路线：乘坐 318 路、360 路、360 路快车、505 路、698 路、932 路至红旗村站下车，往北 400 米。

5. 自驾车路线：

北五环—香山路——棵松路—香山南路。

北四环—闵庄路—香山南路，向北 1 千米。